Ernst Beck

Die Einmarschkämpfe des deutschen Heeres im August 1870

Die Schlacht bei Spichern

Ernst Beck

Die Einmarschkämpfe des deutschen Heeres im August 1870
Die Schlacht bei Spichern

ISBN/EAN: 9783743648050

Hergestellt in Europa, USA, Kanada, Australien, Japan

Cover: Foto ©ninafisch / pixelio.de

Weitere Bücher finden Sie auf **www.hansebooks.com**

Die Einmarschkämpfe
des
deutschen Heeres im August 1870.

Taktische Studien

von

Ernst Beck,

k. k. Rittmeister und Eskadrons-Commandant im Uhlanen-Regiment Erzherzog Carl Nr. 3.

Zweites Heft.

Die Schlacht bei Spichern.

Mit 1 Tafel und 2 Cliceen.

Alle Rechte vorbehalten.

Teschen 1873.

Verlag der Buchhandlung für Militär-Literatur
Karl Prochaska.

Buchdruckerei von Karl Prochaska in Teschen.

Vorwort.

Die wohlwollende Besprechung, welche dem I. Hefte durch die Kritik zu Theil ward, ermuthigt mich durch Herausgabe des II. Heftes das begonnene Werk zu vollenden.

Durch verschiedene Umstände konnte die folgende Studie, obwohl schon seit Herbst vorigen Jahres vollendet, nicht früher der Oeffentlichkeit übergeben werden und erlaubt mir mein nunmehr veränderter dienstlicher Wirkungskreis nicht, die Publication dieser Studien bis zum Erscheinen der officiellen Darstellung des kön. preuß. Generalstabes aufzuschieben und durch Benützung der darin gewiß in reichlichem Maße gegebenen Aufschlüsse nutzbringender zu gestalten.

Das Werk des General Frossard sowie jenes des kön. preuß. Major v. Schell (die Operationen der I. Armee unter General v. Steinmetz) müssen als vorzugsweise benützte Quellen bezeichnet werden.

Anfangs Mai 1873.

Der Verfasser.

Inhalt.

	Seite
Strategische Situation	3
Lage des II. französischen Corps in der Nacht vom 5. zum 6. August	9
Vormarsch der 14. preuß. Infanterie-Division am 6. August Morgens	10
Würdigung der französischen Aufstellung	14
Kräftevertheilung des II. französischen Corps	17
Erster Angriff der preuß. 27. Infanterie-Brigade auf den „rothen Berg"	26
Eingreifen der 28. Infanterie-Brigade, erneuerter Angriffsversuch der 27. Infanterie-Brigade auf den „rothen Berg"	30
Eintreffen preuß. Verstärkungen von der 5. und 16. Infanterie-Division nach 3 Uhr Nachmittags	37
Angriff des General von Goeben	39
Verhältnisse bei Forbach	48
Rückzug des II. französischen Armee-Corps	50
Weitere Betrachtungen über die Maßregeln Bazaine's	53
Schlußbetrachtung:	
A. Französischerseits	58
B. Deutscherseits	62

Anhang. Ordres de bataille.
Plan des Schlachtfeldes von Spichern, nebst zwei Oleaten.

Die Schlacht bei Spichern.

Strategische Situation.

Nach einigen Verschiebungen standen am 31. Juli, wenn auch noch nicht ganz operationsfähig, zwischen Saar und Mosel die französischen Streitkräfte wie folgt:

Die Garde um Metz, wo auch der Kaiser Napoleon III. sein Hauptquartier aufgeschlagen hatte;

das II. Corps mit dem Hauptquartier in Forbach: Die Division Laveaucoupet auf dem Plateau von Oettingen, die Division Vergé in Bening, während die Division Bataille mit einer Brigade Spichern, mit der andern Forbach besetzte, wobei derselben die Cav.-Brigade Valabrègue zugetheilt war, während die Dragoner-Brigade in Bening lagerte;

vom III. Corps war je eine Division in Boucheporn, Ham-sous-Varsberg, Haut-Hombourg und St. Avold, im letzteren Orte auch das Hauptquartier;

das IV. Corps verlegte 1 Division (Cissey) nach Sierck, um die linke Flanke der Armee zu decken, etablirte sein Hauptquartier und 1 Division in Boulay, 1 Division in Bouzonville;

beim V. Corps war das Hauptquartier mit 2 Divisionen bei Saargemünd, 1 bei Bitsch;

die III. Reserve-Cavalerie-Division stand in Pont-à-Mousson.

Gleichzeitig bestimmte der Kaiser, daß am 31. Juli unter Befehl des Marschall Bazaine das II., III. und V. Corps „die Saar zwischen Saarbrücken und Saargemünd überschreiten, das IV. gleichzeitig eine Demonstration gegen Saarlouis ausführen sollte."

Da aber sowohl der Marschall als auch die drei andern Corps-Commandanten einstimmig ihre Truppen für nicht operationsfähig erklärten, so unterblieb diese Bewegung.

Dem gegenüber standen am 29. Juli deutscherseits an der Saar:

1) in der Festung Saarlouis die Infanterie-Regimenter Nr. 70 und Stab, 1. und 2. Bataillon Nr. 69;

2) in Völklingen das Füsilier-Bataillon 69. Infanterie-Regiments nebst 100 Pferden des 7. Ulanen-Regiments;

3) bei Saarbrücken das 2. Bataillon Füsilier-Regiments Nr. 40 und 3 Escadrons des rheinischen Ulanen-Regiments Nr. 7, unter dem Commandeur des letzteren Regiments, Oberstlieutenant von Pestel;

4) bei Merzig 1 Escadron des 2. rheinischen Husaren-Regiments Nr. 9;

5) bei Saarburg 3 Escadrons desselben Regiments;

6) bei Trier das 1. und 3. Bataillon des Füsilier-Regiments Nr. 40.

Am 1. August concentrirte sich das VII. preuß. Armeecorps bei Trier und Conz, während das VIII. mit Ausnahme des größten Theiles der an der Grenze befindlichen Truppen und dem noch nicht eingetroffenen Füsilier-Regimente Nr. 33, am 2. August mit der 15. Infanterie-Division bei Wabern und Losheim, der 16. zwischen Wabern und Lebach, der Corps-Artillerie in Nonnweiler vereinigt sein konnte; die 3. Cavalerie-Division war noch nicht formirt.

Inzwischen war bei dem Ober-Commando der I. Armee nachfolgendes Telegramm des General v. Moltke eingegangen:

„Se. Majestät befehlen I. Armee auf Linie Wabern-Losheim zu versammeln, Beobachtung gegen Saar fortsetzen."

In Folge dieses Befehles ordnete General von Steinmetz für den 3. August die Concentrirung des VII. Armee-Corps bei Losheim, des VIII. bei Wabern, der 3. Cavalerie-Division südlich Losheim-Wabern an.

In Folge dessen hatte sich die Vertheilung der Beobachtungstruppe an der Saar geändert.

Zu der früher erwähnten Besatzung von Saarbrücken ward noch unter Commando des Generals Graf Gneisenau, welchem sämmtliche gegen die Saar vorgeschobenen Abtheilungen der 16. Infanterie-Division unterstellt wurden, der Rest des 40. Regiments, 1 Batterie und 1 Escadron des 9. Husaren-Regiments in Aufnahmstellung bei Raschpfuhl am Walbrand, eine halbe Meile nordwestlich der Stadt herangezogen.

Das Füsilier-Bataillon Nr. 69 blieb in seiner Stellung; in Dub= weiler war eine Ulanen=, in Rehlingen und Dillingen je 1 Husaren Escadron 9. Regiments.

Als Repli diente diesen Abtheilungen 1 Bataillon Nr. 29, 1 Batterie und 1 Escadron, welche sich bei Heusweiler befanden. General Gnei= senau erhielt den Auftrag, sich vor überlegenen Kräften auf Lebach zurückzuziehen.

Diesen Kräften gegenüber schritt man französischerseits zur Aus= führung der am 31. Juli beschlossenen Recognoscirung.

Am 2. August Vormittags rückte das Corps Frossard, die Division Bataille im 1., Brigaden der Divisionen Laveaucoupet und Vergé im 2. Treffen gegen Saarbrücken vor, welches nun, da es preußischer= seits nicht in der Absicht lag, die geringen Kräfte bei Saarbrücken zu opfern, ja überhaupt ernstlich zu gefährden, nach einem kurzen Kampfe geräumt wurde, worauf sich Graf Gneisenau auf Guichenbach zurückzog.

Frossard stand nun mit seinem Corps zwischen Forbach und Saarbrücken, welches er besetzt hielt, die andern Corps verblieben so ziemlich in ihren früher bezeichneten Quartieren. Am 3. August traf in dem Hauptquartier des Generals von Steinmetz, welcher die Auf= gabe seiner Armee darin erkannte, „Offensivflanke zur anmarschirenden II. Armee zu bilden, die feindlichen Kräfte auf die I. Armee zu ziehen, um den Vor= und Aufmarsch des Centrums der drei deutschen Armeen zu erleichtern und, wenn das Vorgehen der II. Armee ohne Kampf nicht mehr möglich, in denselben wirksam einzugreifen", der telegrafische Befehl aus dem großen Hauptquartier ein:

„Zögerndes Vorgehen der Franzosen läßt erwarten, daß II. Armee am 6. d. Mts. vorwärts der Waldzone von Kaiserslautern versammelt werden kann. Wenn schnelles Vorgehen des Feindes nicht zu verhindern, eventuell Concen= trirung der II. Armee hinter der Lauter. Zusammenwirken beider Armeen in Schlacht beabsichtigt, I. Armee von St. Wendel, eventuell Baumholder aus. Sr. Majestät befehlen, daß die I. Armee sich am 4. gegen Tholey concentrirt. III. Armee überschreitet morgen die Grenze bei Weißenburg.

— Allgemeine Offensive beabsichtigt."

In Folge dieses Befehles ordnete General von Steinmetz die Versammlung des VII. Armeecorps bei Lebach, des VIII. Armeecorps mit der 16. Infanterie-Division bei Ottweiler, mit der 15. bei Tholey und der 3. Cavalerie-Division, in die Linie nördlich der Straße Tholey-St.-Wendel an.

In dieser Stellung verblieb die I. Armee am 5. August, während die II., von welcher das III. Armee-Corps mit der 5. Infanterie-Division in der Gegend von Neunkirchen stand und seine Avantgarde bis in die Gegend von Sulzbach vorgeschoben hatte, den Vormarsch in der Richtung über die Saar fortsetzte. Von der 5. Cavalerie-Division wurde die Brigade Redern gegen Saarbrücken vorgeschoben.

Da sich die I. Armee südlich Tholey bis Ottweiler ausdehnte, und sich ihre Quartiere theilweise auf den Marschlinien der I. Armee befanden, erhielt General von Steinmetz am 5. August Nachmittags über Bitte der II. Armee folgenden telegrafischen Befehl aus dem großen Hauptquartier: alinea „Straße St.-Wendel-Ottweiler-Neunkirchen ist von der I. Armee morgen zu räumen."

Der hierauf erlassene Armeebefehl des General von Steinmetz lautet:

„Die Armee tritt morgen den Vormarsch gegen die Saar an: Das VII. Armee-Corps von Lebach mit der Tête bis gegen Guichenbach, Avantgarden in den Richtungen auf Völklingen und Saarbrücken vorgeschoben. Das VIII. Armee-Corps erreicht mit der Tête Fischbach, westlich Sulzbach, und echelonirt sich rückwärts über Quierscheidt bis Mergweiler. Das III. Armee-Corps der II. Armee erreicht, eingegangenen Mittheilungen zufolge, morgen die Gegend von Bilbstock. Die 3. Cavalerie-Division dirigirt sich nach Labach, 1 Meile südwestlich Lebach, und sichert die rechte Flanke der Armee. Das Armee-Ober-Commando geht morgen nach Hellenhausen. . . . ."*)

Bei diesen Anordnungen hatte also General von Steinmetz geglaubt, sich nicht auf die bloße Räumung der Straße St. Wendel-Ottweiler-Neunkirchen beschränken zu sollen. Um ein Durcheinanderkommen von Abtheilungen der I. und II. Armee zu vermeiden, endlich

---

*) Anmerkung: Der Rest enthält die Rayon-Grenzen und theilt mit, daß das I. Armee-Corps und die 1. Cav.-Division der I. Armee dauernd überwiesen wurden.

seiner Armee die nöthige Operationsfreiheit zu geben, hielt Steinmetz „eine Verschiebung der Quartiere nicht allein westwärts, sondern auch südlich" für unumgänglich nothwendig.

Keineswegs fiel es jedoch dem General ein, die starke feindliche Stellung bei Saarbrücken anzugreifen; „die Vorbewegung der I. Armee für den 6. bezweckte das Heranrücken an die Saar bis auf **einen** Tagemarsch, um hiedurch gleichzeitig, wenn es zum Gemein=Angriff der I. und II. Armee auf den Feind hinter der Saar kam — die nothwendige Bewegungsfreiheit und den eben so nothwendigen Entwickelungsraum für die Truppen wieder zu gewinnen" *).

Die deutsche II. Armee konnte am 7. August den Aufmarsch in der Linie Neunkirchen=Zweibrücken vollenden. War dies geschehen, so erschien es erst an der Zeit, die I. Armee über den Fluß hinaus vorzuschieben.

Am 9. August mußte die I. Armee zu einer Offensive aus der Linie Saarlouis=Völklingen zur Ueberflügelung der bei Boulay stehenden feindlichen Streitkräfte bereit stehen.

Das 2. Heft des „deutsch=französischen Krieges 1870/71", redigirt von der kriegsgeschichtlichen Abtheilung des Großen Generalstabes, spricht es unumwunden aus, daß „unverkennbar zwischen dem Großen Hauptquartier und dem Oberbefehlshaber der I. Armee eine gewisse Verschiedenheit der Anschauungen und nächsten Absichten geherrscht habe."

Die bei Heusweiler befindliche Brigade Redern der 5. Cav.=Division patrouillirte gegen Völklingen und Saarbrücken. Recognoscirungen im Laufe des 4. Augusts bis Emmersweiler im Rücken der feindlichen Stellung vorgetrieben, bemerkten französische Infanterie und Bagage im Marsch auf Roßbrück und constatirten ferner, „daß der linke Flügel der französischen Aufstellung hinter der Saar nur bis Saarbrücken reichte." Die französische Cavalerie verhielt sich unthätig und verhinderte keineswegs, daß auch am 5. Recognoscirungen über Völklingen und Ludweiler gegen Forbach vorgetrieben wurden, welche „französische Truppen theils im Marsch, theils im Bahntransport nach St.=Avold" meldeten: — und eine Verminderung der feindlichen Streitkräfte zu erkennen glaubten. „Uebereinstimmend mit diesen Wahrnehmungen deuteten auch sonstige Privatnachrichten auf Rückzugsbewegungen des Gegners", welcher den Bahnhof von St. Johann in Brand geschossen hatte.

---

*) Schell: „Operationen der I. Armee unter General von Steinmetz."

Gleichzeitig ergaben die Recognoscirungen der 6. Cav.-Division den Abbruch der feindlichen Lager an der Saar und Blies und traf im Laufe des Vormittags die Meldung ein, daß auch Saarbrücken und die Stellung auf dem linken Saar-Ufer geräumt wurde.

General von Zastrow, Commandant des VII. Armee-Corps, entschloß sich gegen 10 Uhr Vormittags, sein Armee-Corps derart vorzuschieben, daß die 14. Infanterie-Division mit verstärkter Avantgarde auf dem linken Saar-Ufer bei Saarbrücken eine Aufstellung nehmen sollte, während die 13. nach Völklingen zu rücken und eine Avantgarde über die Saar vorzupoussiren hatte.

General von Steinmetz war mit diesen Anordnungen einverstanden, worauf General von Zastrow die betreffenden Befehle von Dilsburg um 1 Uhr an seine Divisionen expedirte.

Ehe sie anlangten, ward jedoch die 14. Infanterie-Division bei Saarbrücken in einen ernstlichen Kampf verwickelt.

Im franz. Hauptquartier war man über die feindlichen Bewegungen unsicher — namentlich darüber, ob das VII. preuß. Armee-Corps von Trier auf Saarlouis-Thionville, oder aber auf Saarbrücken rücke. Marschall Le Boeuf telegrafirte am 4. Vormittags an General Frossard:

„Si vous étiez attaqué par des forces supérieures, ou si vous jugiez votre position compromise, repliez-vous sur Forbach" . . . . .

Eine später von demselben Marschalle erlassene Depesche lautete:

„L'Empereur me charge expressément de vous dire que, dans le cas où vous auriez affaire a plus de forces qu'il ne nous en est annoncé, il vous prescrirait de vous replier sur St. Avold et d'y attendre ses ordres, son intention étant sans doute de vous appeler à lui si les circonstances l'indiquaient . . . . ."

Die Division Montauban des III. Corps, welche bei Forbach stand, und auf welche der Major-General anspielte, ging noch am selben Tage nach St. Avold zurück, weil Marschall Bazaine, welcher auch das IV. Corps eventuell zu unterstützen hatte, sich dort concentrirte.

Vom 5. Corps stand die Brigade Lapasset bei Saargemünd. Am 5. August telegrafirte Frossard an den Marschall Le Boeuf:

„La nuit a été calmee; j'ai reporté une brigade en arrière de ma gauche à Forbach et une brigade en arrière de ma droite à Spickern avec cinq escadrons. J'ai envoyé un escadron à Sarregueminés. Je ne fais rien sur ma position avancée. J'y suis un peu en flèche; le 2. corps serait beaucoup mieux sur les plateaux de Forbach à Sarreguemines, en gardant Forbach. L'Empereur juge-t-il que je doive me reporter là suivant les circonstances."

Die Antwort hierauf lautete:

„Metz, 5. août, 9 h. 10.m. du matin. En reponse à votre télégramme, l'Empereur décide que demain matin vous reporterez votre quartier général à Forbach, vous laissant libre de disposer vos divisions en les concentrant autour de vous, de manière à mettre votre quartier général à St. Avold, dès que l'ordre vous en sera donné par l'Empereur."

General Frossard, welchem es jedoch zu spät erschien, bis 6. zu warten, trat die Bewegung am Abend des 5. an.

Am 5. August 1 Uhr Nachmittag wurde dem Corps mitgetheilt, daß es mit dem III. und IV. Corps den Befehlen des Marschall Bazaine unterstellt sei.

Lage des II. französischen Corps in der Nacht vom 5.—6. August 1870.

General Frossard hatte in der Nacht zum 6. August seine auf der Höhe südlich Saarbrücken befindlichen Vortruppen zurückgezogen und lagerte mit seinen 3 Divisionen ungefähr 1 Stunde südlich der Saar;

die 3. Division (Laveaucoupet) auf den Höhen von Spichern als rechter Flügel, eine Brigade der 1. Division (Vergé) bei Stiring als linker Flügel und die 2. Division (Bataille) als Reserve bei Oettingen;

die Brigade Valazé der 1. Division westlich Forbach zur Beobachtung der Saarlouiser Straße.

Um 3 Uhr Morgens schickte Bazaine nachstehende Depesche an den General Frossard ab:

„Le chef d'état-major de la 1. division du III. corps, qui ne doit pas être encore en entier à Sarreguemines, me dit: des renseignements me font croire que je serai attaqué ce matin par des forces qu'on dit supérieures. D'un autre côté le sous-préfet de Sarreguemines me dit: le fil télégraphique et la ligne de fer viennent d'être rompus à Bliesbrücken sur la ligne de Bitche . . . . ."

„L'ennemi faisait effectivement un mouvement offensif sérieux sur Sarreguemines, il faudrait porter la division qui est à Spickern vers Grossbliederstorff."

Vormarsch der 14. preuß. Infanterie-Division am 6. August Morgens.

General-Lieutenant von Kameke war in Ausführung der Dispositionen mit seiner Avantgarde gegen halb 10 Uhr Vormittags in Guichenbach angelangt und erfuhr, daß der Feind bei Forbach Anstalten zur Embarquirung von Truppen auf der Eisenbahn träfe, außerdem daß sich das II. franz. Corps unter dem Schutze einer schwachen Arrièregarde (2 Bataillons, 1 Batterie) zurückzuziehen scheine.

Hievon wurde der General der Infanterie von Zastrow verständigt und General-Lieutenant Kameke von Ersterem zu handeln nach eigenem Ermessen angewiesen.

General-Lieutenant von Kameke, welcher aus diesen Meldungen die Ueberzeugung gewonnen zu haben glaubte, daß sich das Corps Frossard im Abzuge auf St. Avold befinde, hielt es nunmehr für geboten, sich des Débouchés von Saarbrücken zu versichern und dadurch nähere Nachrichten über den Feind einzuholen.

Unter dem Schutze von 3, schon seit früh Morgens, in das Vorterrain vorgeschobenen Escadrons der II. Armee, entwickelte sich die Avantgarde der 14. Division (Füsilier-Regiment Nr. 39, 1 leichte Batterie und das 15. Husaren-Regiment) auf der Höhe des Exercierplatzes um 11½ Uhr und erhielt vom rothen Berge aus Geschützfeuer. General-Lieutenant von Kameke faßte nun den Entschluß „zur besseren Sicherung wie Behauptung des Saar-Ueberganges vorwärts

Terrain zu gewinnen", um die schwachen ͥfeindlichen Kräfte zurückzu=
drücken und war sich dabei der eventuellen Unterstützung des VIII. und
III. Armee=Corps bewußt.

Wir sehen hier den Commandanten der 14. Division einen Ent=
schluß fassen, welcher über die Tages=Aufgabe hinausging, und müssen
daher die Richtigkeit desselben einer Untersuchung unterziehen.

Nur wichtige Gründe dürfen es sein, welche zu einer Ueber=
schreitung der Armee=Disposition führen; diese Gründe müssen fest=
stehende sein und auf genauen Nachrichten beruhen.

War auch im Armeebefehl nicht die Absicht ausgesprochen, „am
6. die Saar zu überschreiten", so war es bei dem Mangel von
weitergehenden Directiven gefährlich, diesen Befehl mit den Worten zu
beginnen: „Die Armee tritt morgen den Vormarsch an die Saar an"
— wenn man nicht gleichzeitig hinzufügte, „darf diesen Fluß jedoch
mit Ausnahme von Patrouillen nicht überschreiten." Hält man sich
daher diese Verhältnisse gegenwärtig, so wird man den Entschluß des
General=Lieutenant von Kameke und des General=Commandos VII.
Armee=Corps vollkommen begreifen, da für einen Vormarsch an und
über die Saar es als eine wichtige Vollführung der in der Armee=
Disposition gestellten Aufgabe erscheinen mußte, sich in den Besitz der für
das Débouchiren über die Saar wichtigen Höhen des Exercierplatzes zu
setzen, bevor der Gegner diese aufgegebene Position etwa wieder ein=
nehmen mochte.

„Das Verhalten des Feindes befremdete umsomehr, als er schein=
bar ohne Grund eine rückgängige Bewegung angetreten, dabei aber
sämmtliche Saar=Uebergänge unzerstört gelassen hatte."

Durch Besetzung des Débouché's von Saarbrücken war für einen
in den nächsten Tagen zu vollführenden Saar=Uebergang bedeutend
vorgearbeitet und konnte den auf das linke Ufer vorgetriebenen Re=
cognoscirungs=Abtheilungen ein kräftiger Rückhalt geboten werden.

Man müßte daher eine Unterlassung desselben durch G.=Lt. von
Kameke, weil sie nicht ausdrücklich befohlen, als ebenso kurzsichtig wie
Mangel an Initiative zeigend tadeln. Anders liegt die Sache bezüglich
des nach Besetzung des Débouché's gefaßten Entschlusses: „zur bessern
Sicherung wie Behauptung des Saar=Ueberganges vorwärts Terrain
zu gewinnen, um die schwachen feindlichen Kräfte zurückzudrücken."
Auch diese Absicht war eine richtige, nur hing es davon ab, ob man
wirklich schwächere feindliche Kräfte gegenüber habe.

Im gegebenen Falle war zwar Frossard nicht im Abzuge begriffen — aber selbst wenn richtig, so konnte ein Angriff der schwachen Kräfte Kameke's und der Cav.=Brigade Redern keinen anderen Zweck haben, als den Feind aufzuhalten, sein Corps zu werfen vermochte sie nicht. Ein solches scharfes Vorgehen trägt zwar viel zur Klärung der Verhältnisse bei — aber es muß eben die Grundbedingung, — daß das überlegene feindliche Corps im Abzuge ist — erfüllt sein.

Man muß sich von dieser Thatsache durch eine genügende Anzahl von Cavalerie=Patrouillen und durch verläßliche Nachrichten überzeugen, ehe man sie als feststehend betrachten kann.

Allerdings scheinen die früher erwähnten Resultate der Recognoscirungen der Brigade Redern dieser Meinung einige Berechtigung zu geben, doch wäre bei der genügend vorhandenen Reiterei daher — da erstere die Höhe des Exercierplatzes und den Winterberg nicht vom Feinde besetzt fand — noch mehr vorwärts das Terrain aufzuklären, — mit der Infanterie aber diese Höhen als Ausgang des Défilés zu besetzen und so das Débouchiren für den kommenden Tag zu sichern gewesen.

Es mußten daher stärkere Reiter-Patrouillen in nachstehenden Richtungen ausgesendet werden:

1. über St. Arnual und Alsting längs der Saar und querfeldein;
2. auf die Spicherer Höhe und auf die Forbacher Straße;
3. längs der Eisenbahn nach Stiring;
4. über Gersweiler=Schöneck durch den Forbacher Wald auf Forbach.

Ein Theil dieser Patrouillen konnte bald Meldung erstatten und constatiren, ob das franz. Corps die Höhen geräumt und marschire, oder aber ob es stehe.

Dann war erst der Entschluß, vorwärts zu brücken, zu fassen — vorher aber, schon gleich ehe man die Saar überschreitet, dem Corps-Commandanten die Meldung zu erstatten.

General-Lieutenant von Rheinbaben entsendete 3 Eskadrons gegen Spichern und constatirten diese, daß sowohl die dortige Höhe als auch die Gegend von Stiring von 3 Infanterie-Regimentern besetzt sei.

Während dem war General-Lieutenant von Kameke mit seiner Division noch im Uebergange über den Fluß begriffen, er konnte also ruhig sich die Situation überlegen und bis die Meldungen über St.

Arnual und Gersweiler eingetroffen, die Besetzung des Défilé=Aus=
ganges vornehmen.

v. Kameke ließ durch seine Avantgarde vorerst den Exercierplatz be=
setzen, nahm die Artillerie derselben in das Feuer gegen die Spicherer Höhe
und zog das 1. und Füsilier=Bataillon des 74. Infanterie=Regiments zur
Avantgarde vor, während er das 2. Bataillon des genannten Regiments
über die Eisenbahn auf den Drathzug und den Rest der Divisions=
Artillerie auf den Reppertsberg dirigirte, wo sie nach 12 Uhr
eintraf.

Die schriftliche Meldung hievon wurde um 12 Uhr aus Saarbrücken an den Commandanten des VII. Armee=Corps, General der
Infanterie von Zastrow, abgesendet.

Inzwischen hatte dieser General auf die 1. Meldung von Kameke's
hin nachstehende Befehle ertheilt:

„Die 13. Division (unter General=Lieutenant v. Glümer)
marschirt auf Völklingen und Wehrden, schiebt ihre Avantgarde auf Forbach und Ludweiler vor und orientirt sich
über die Stärke und Absichten des Feindes bei Forbach."

„Die 14. Division verstärkt ihre Avantgarde, behält mit
dieser bei Saarbrücken auf dem linken Saar=Ufer eine
geeignete Aufstellung und dirigirt ihr Gros über Neudorf
auf Rockershausen."

„Patrouillen sind auf Forbach vorzusenden."

„Die Corps=Artillerie folgt auf Püttlingen."

Wenn auch diese Disposition in ihrem Detail mit den früher
von uns geäußerten Ansichten übereinstimmt, so ist es bei Kenntniß
der Absichten des Großen Hauptquartiers klar, daß ein Vorrücken über
den Exercierplatz und das Einlassen in ein ernstliches Gefecht, weil
eine Störung in dem Operationsplane und eine Unordnung in dem
Marsch=Echiquier hervorrufend, in dem Großen Hauptquartier keine
Billigung finden konnte.

Wie wir später sehen werden, wäre es sehr leicht möglich gewesen,
das ganze Corps Bazaine auf dem Kampffelde eingreifen zu lassen,
und durch eine geschickte Division des IV. Corps die preuß. rechte
Flanke zu bedrohen. Immerhin will die Disposition des VII. Armee=
Corps keine Schlacht bei Saarbrücken, sondern die Verhinderung des
ruhigen Abzuges von Forbach.

Ehe jedoch dieser Befehl den General-Lieutenant von Kameke traf, hatte dieser seinerseits durch seine Anordnungen die Absicht desselben (Kampf bei Forbach) unmöglich gemacht.

Während seine Artillerie gegen die Höhen von Spichern vorarbeitete, entschloß sich gegen 12 Uhr Mittags der General von Kameke durch die 27. Brigade (von François) mittelst eines umfassenden Angriffes der Höhe des rothen Berges (Eperon) zu bemächtigen und ließ gleichzeitig die 28: Brigade (v. Woyna) die Eisenbahnbrücke passiren.

Die vorrückenden Bataillone wurden jedoch von einem solchen Feuer empfangen, daß man bald bemerkte, welch überlegene Kräfte man vor sich habe und sich, wenn auch etwas spät, klar wurde, daß Frossard noch nicht abgezogen sei. Frossard stand des Angriffes gewärtig in der Position von Spichern-Stiring.

Würdigung der französischen Aufstellung.

Die französische Stellung wurde beiderseits der Straße Saarbrücken-Forbach und zwar östlich auf den Höhen, nördlich Spichern dem sogenannten Spicherer Berge und auf dem Kreuz-Berge, westlich auf der Höhe von Stiring genommen. Sie lehnte mit ihrem rechten Flügel an den Stiftswald von St. Arnual, mit dem linken Flügel an den Forbacher Wald, eine Ausdehnung von ca. 6000 Schritten.

Während der Abhang des Spicherer Berges in der nächsten Nähe der Straße, also im Centrum der Stellung, meist kahl ist, herrscht auf den beiden Flügeln der Wald vor. Im Centrum ist der Abhang zum Theile mit Feldern bedeckt und von Terassen unterbrochen, welche das Einnisten von Schützen sehr erleichtern. Der Abhang des westlichen Vorsprunges in der Nähe des Wirthshauses „zur goldenen Bremme" ist mit Ginster bewachsen (Rother Berg).

Auf die Höhe herauf führt von Norden nur eine gepflasterte und sehr steile Straße, welche von oben vollkommen eingesehen und bestrichen werden kann, wobei östlich derselben in der oberen Hälfte des Hanges der passirbare Laubholz-Wald beginnt.

Da wo die Straße die Höhe erreicht, befindet sich ein riegelartiger Vorsprung, welcher eine gute Geschütz-Position für eine Batterie bietet. Das Gleiche ist bei einer ca. 50' tiefer liegenden Rast der Fall, und kann man von beiden Punkten aus das Vorterrain bis zu dem Exercierplatze von Saarbrücken und dem Winterberge sowie dem Drathzuge gut beschießen.

Der Aufgang bei der goldenen Bremme ist am schwierigsten, und kann auf dieser Seite nur Infanterie fortkommen, wobei die Höhe hier eine gute Geschütz-Aufstellung gegen Stiring bietet.

Der bewaldete rechte Flügel, auf welchem ein sehr schwer fahrbarer Weg nach Darlen (St. Arnual) führt, ist nicht sehr tief, da sich zwischen ihm und dem Dorfe Spichern ein an die Saar führendes tiefeingeschnittenes Thal, dessen Ursprung 300' südlich des Aufgangs von Saarbrücken ist, befindet. Die Hänge des Thales sind bebaut und mit vielen Obst-Bäumen bestanden.

Das Dorf Spichern selbst liegt wieder in einer Terrainfalte und ist vom Aufgange aus nur die Spitze des Kirchthurmes zu sehen. Spichern ist ein kleiner Ort, an dessen Nord-Lisière sich Gärten, mit leichten Zäunen befinden, ohne große Vertheidigungsfähigkeit. Außer den Waldungen und dem Thale findet sich wenig Deckung. An der West-Lisière von Spichern sind einige vertheidigungsfähige Gebäude mit vorliegenden Gärten, welche von Hecken umgeben sind.

Hinter Spichern liegt eine, das ganze Vorterrain bis zum Aufgange beherrschende, Höhe.

Die größte Tiefe besitzt zwar die Stellung am linken Flügel der Spicherer Höhen, also im Centrum, wo der Hang mit dem Spicherer Walde bedeckt, schroff gegen die Straße abfällt.

Hier führt die Straße in einer Lücke und sind nur die vertheidigungsfähigen Gebäude der „goldenen Bremme" und baraque mouton als Objecte vorhanden. Es sind dieß 4 Häuser und 1 Hof, welche nahe am Hange der Spicherer Höhen liegen und eine Art wenn auch mangelhafter Straßensperre abgeben.

Südwestlich der baraque mouton führt nach Ueberschreiten eines 300' breiten Wiesenthales ein Hohlweg, ziemlich viel Deckung bietend, sowie in der Nähe eine gangbare Schlucht, die Höhe hinan.

Der eigentliche linke Flügel der Stellung, welcher sich an den Forbacher Wald lehnte, hatte in den Eisenwerksgebäuden von Stiring sein starkes Reduit.

Von hier aus konnte man auch mit Artillerie die nach dem Drathzuge führende Eisenbahn bestreichen, und das directe Débouchiren aus dem vorliegenden Stiftswalde verhindern.

Gegen das Centrum zu war das Terrain zum Theile mit Wald bedeckt, bot aber auf gleicher Höhe mit der baraque moton eine gute Position für 2—3 Batterien zur Bestreichung des Vorterrains bis zum Exercierplatze und Reppertsberge.

Das Vorterrain gegen Saarbrücken ist offen und mit Ausnahme der Folster Höhe und des Exercierplatzes baumlos.

Doch findet sich zwischen Exercierplatz und Galgenberg eine Terrainfalte, welche in ihrem westlichen Theile „Ehrenthal" (vom Ruhe= platz der preuß. Krieger), in ihrem östlichen „Galgendelle" genannt wird und Deckung bot.

Der Exercierplatz bietet eine Geschütz-Position, was auch vom Winter= und Reppertsberge der Fall ist.

Der Aufgang zu diesen Höhen ist von Saarbrücken aus schwierig und fallen die Hänge steil zur Saar hinab und sind stark bepflanzt (meist Gärten mit Terrassen). Vom Exercierplatze aus gesehen, ist die Stellung auf dem Spicherer Berge sehr imposant, doch kann man von hier aus die Straße bis in die Nähe der goldenen Bremme zu bestreichen.

Eine zweite gute Artillerieaufstellung bietet die zwar eingesehene Folster Höhe, von welcher aus der Abhang der Spicherer Höhe und das Walddéfilé gegen Stiring gut bestrichen werden kann.

Das Vorterrain ist bis zur Stellung Ackerland; die aus dem Plane ersichtlichen Teiche und Wasserläufe waren am Gefechtstage fast ganz trocken. Der Wald am linken Flügel hat auf dem Plateau genügend Wege, während jener auf dem rechten Flügel als schwer gangbar zu bezeichnen ist, und nur ein Weg von St. Arnual, zwar weit östlich, dahin führt.

Als stärkster Theil der Stellung muß wohl die Front im Cen= trum bezeichnet werden und zwar speciell die Spicherer Höhen mit dem Vorsprunge bei der goldenen Bremme. Hier konnte man mit verhältnißmäßig geringen Kräften den feindlichen Angriff zum Stehen bringen und seine Vorrückung von Weitem beschießen.

Die Flanken waren schwach und boten namentlich am linken Flügel die ausgedehnten Waldungen Gelegenheit zu einer Tournirung,

welche um so empfindlicher traf, als hinter diesem Flügel die Rückzugs=
Straße nach St. Avold führte.

Das Vorterrain an dem Centrum ist zwar leicht zu übersehen,
das Debouchiren über die Saar bei Saarbrücken läßt sich jedoch aus
dieser Stellung, wenn sie nur von einem Corps bezogen ist, nicht
hindern.

Man kann also entweder in der Stellung Stiring-Spichern nur
eine Arrieregarde=Stellung sehen, oder man muß die Armee zwischen
Saargemünd=Calenbronne und Forbach versammelt haben und sobald der
Feind zum Stehen kommt, über die Flügel hinaus vorstoßen.

Kräfte=Vertheilung des II. französischen Corps.

Die vom II. französischen Corps am Abende des 5. August ge=
nommene Aufstellung war folgende:

1) Die (3.) Division Laveaucoupet besetzte die Höhen von Spi=
chern, Front nach Norden, und zwar mit der Brigade Micheler im ersten
Treffen (1 Bataillon im Stiftswalde von St. Arnual am rechten
Flügel, das 10. Jäger=Bataillon auf dem Vorsprunge.)

Der Rest, die Brigade Doëns (6 Bataillons), lagerte auf den
Höhen hinter Spichern.

General Laveaucoupet ließ am 6. Morgens auch am Vorsprunge
hufeisenförmig Schützengräben herstellen.

2) Die (2.) Division Bataille stand 3 Kilometer hinter der 3.
auf der Höhe des Kelsberg bei Oettingen.

3) Von der (1.) Division Vergé wurde die Brigade Jolivet am
linken Flügel folgendermaßen aufgestellt:

Das 77. Regiment am linken Flügel, 600 Meter vorwärts des
Ortes und der Werke von Stiring, das 76. etwas im Staffel rechts
rückwärts an der Straße nach Forbach. In den Wald links waren
Beobachtungsposten geschoben und vor der Front Schützengräben er=
richtet, auch ein Epaulement für 4 Geschütze erbaut.

Die Brigade Valazé war seit dem 4. westlich Forbach senkrecht
auf die Straße von Saarlouis in einer ebenfalls verschanzten Stellung.

Die Corps=Artillerie lagerte getrennt, 4 4-pfündige Batterien in
Forbach, 2 12-pfündige in Morsbach.

Von der Cavalerie=Division waren der 1. Division 2 Escadrons des

7. Dragoner-Regiments, die 2 anderen der 3. und das ganze 5. Chasseur-Regiment der 2. Division zugetheilt, während der Rest bei Forbach lagerte.

Vor der Front waren Beobachtungs-Posten ausgestellt.

Das Hauptquartier des General Frossard war in dem Gasthause zur goldenen Bremme, wie wir nämlich dessen Angabe: „le général Frossard avait mis son quartier général en avant et un peu à droite de Forbach, au centre de ses divisions," auslegen zu müssen glauben.

Berücksichtigt man die Stellung der verschiedenen Corps der Bazaine'schen Armee-Abtheilung, so war das Repliiren Frossards auf Forbach angezeigt und kann man im Allgemeinen seine Truppenvertheilung als gut bezeichnen.

Die Detachirung der Brigade Valazé nach Forbach war zur Deckung der Straße nach Saarlouis geboten — allein 7 Bataillons waren zu viel, da man nöthigenfalls ja noch von der Reserve 2—3 Bataillons verwenden konnte und hierzu 4—5 Bataillons genügt hätten, hingegen mehr Cavalerie hier zu verwenden gewesen wäre.

Die Aufstellung der 2. Division als Reserve bei Oettingen entspricht in jeder Beziehung, da diese sowohl à porté von Spichern-Großblittersdorf-Stiring und Forbach steht.

Bei der Vertheilung der Reiterei bemerken wir mit Vergnügen die Zuweisung von Divisions-Cavalerie, können uns aber mit dem Detail derselben nicht ganz einverstanden erklären. Die Divisionen sind ungleich betheilt und zwar haben jene der 1. Linie je 2, die 2. Division, also die Reserve, aber 5 Escadrons. Diese brauchte aber in dem gegebenen Falle, wo auch noch 2 Regimenter Reiterei vereinigt in ihrer Nähe verblieben, gar keine Cavalerie. Die Aufgabe der Reiterei in dieser Stellung war Eclairirung des Vorterrains und dann Theilnahme am Kampfe. Die Eclairirung des Vorterrains mußte aber in einer Hand sein und möchten wir daher nachstehende Vertheilung als eine richtigere angesehen haben:

Die Chasseur-Brigade übernimmt den Eclairirungsdienst und gibt im Verlaufe des Gefechtes die Divisions-Cavalerie. 3 Escadrons detachirt sie zur Brigade Valazé, mit der Aufgabe, das Terrain bis Völklingen, Schafhausen und Rockershausen, 1 Escadron nach Stiring, um bis an die Saar zu eclairiren. Mit dem Reste (4 Escadrons) lagert sie auf dem Plateau von Spichern und eclairirt nach Saarbrücken, St. Arnual und Simbach und untersteht dem General Laveaucoupet.

Die Dragoner-Brigade lagert bei Busbach und eclairirt nach Großblittersdorf und Saargemünd.

Weniger gut ist die Vertheilung der Reserve-Artillerie, von welcher ein Theil auf das Spicherer Plateau zu ziehen war.

Doch darf bei der Beurtheilung der örtlichen Vertheilung der Streitkräfte, wie sie am Abend des 5. August vorgenommen wurde, nicht vergessen werden, daß man weniger die Absicht hatte, den Feind stehenden Fußes zu erwarten, als vielmehr die Truppen für eine bald zu gewärtigende Verschiebung günstig zu bislociren. Und von diesem Gesichtspunkte aus kann man sich mit Ausnahme der ungenügenden Cavalerie-Verwendung mit den getroffenen Maßregeln einverstanden erklären.

Wenn auch für eine Fortificirung kein genügender Grund vorhanden ist, so könnte man die technische Verstärkung der Stellung billigen, wenn man annimmt, daß das II. Corps als Avantgarde der Bazaine'schen Armee-Abtheilung die Aussicht hatte, einige Tage sich hier halten zu müssen.

Nachdem die preußische Cavalerie-Division von Rheinbaben mit einem Theile schon nach 9 Uhr Vormittags die Saar übersetzte, begann eine auf dem Vorsprunge bei der golbenen Bremme aufgefahrene französische Batterie zu feuern.

Es tritt nunmehr die Frage heran, war es gerechtfertigt, trotz den in der Nacht von Bazaine erhaltenen Nachrichten, den Kampf in der vorderen Linie aufzunehmen oder mußte man sich in die Stellung Calenbronne-Saargemünd zu repliiren.

Mit der Entscheidung dieser Frage trat ein folgenschwerer Moment ein.

Der General Frossard hatte nur vage Mittheilungen durch den major général über die Operationspläne des Kaisers erhalten, doch deutete Einiges auf die Absicht, zur Vollführung des Durchbruches, seine Corps bei Bitsch-Saargemünd zu concentriren. Der zu dieser Concentrirung nöthige Flanken-Marsch Bazaines mußte gegen von Merzig-Saarlouis vorrückende Abtheilungen des deutschen Heeres — die I. Armee — gedeckt werden.

Die Operation selbst hatte nach dem Aufmarsche der deutschen Armee — resp. der Ankunft der hintern Echelons der II. und I. Armee am Rheine keine Aussicht auf Gelingen und mußte unbedingt zu einem „Sedan" vorwärts Metz führen. Der Aufmarsch der deutschen I. und II. Armee an der Saar und Blies warf so den ganzen Plan

2*

über den Haufen und mußte daher, auf die Bazaine in der Nacht zugekommenen Nachrichten hin, der Entschluß zu einer Rückwärts=Concentrirung der Armee oder aber zu einer raschen That gegen die schwächere I. deutsche Armee gefaßt werden. Es versteht sich, daß hier von den in dem interessant geschriebenen Buche „Metz, Campagne et Négociations" angeführten eigenthümlichen Verhältnissen in der Führung der französischen Armee abgesehen wird. Entschloß man sich zu einer Rückwärts=Concentrirung, so konnte mit den dazu nöthigen Bewegungen erst im Laufe des 7. begonnen werden und wäre das Engagement bei Wörth nicht verhindert worden; zu dem Gefechte bei Spichern wäre es jedoch wohl nicht gekommen. Wollte man jedoch mit Rücksicht auf die Nationalehre Frankreichs ohne Schlacht kein Land preisgeben, so mußte immerhin die Durchbruchs=Idee aufgegeben und auf die am 6. August Morgens erhaltenen Nachrichten zum Angriffe gegen die I. deutsche Armee vorgerückt werden.

Diese Erwägungen kamen in erster Linie, insbesondere nach dem oben citirten Telegramm vom 6. August 3 Uhr früh, dem Marschall Bazaine zu, doch scheint er sie nicht gepflogen zu haben. Er vindicirt vielmehr dem Corps Frossard die Aufgabe einer Flankendeckung mit passiver Ausführung.

Um der Idee Bazaines zu entsprechen, hätte Frossard sich mit der Hauptkraft in die Stellung bei Calenbronne zurückziehen und das Vorterrain insbesondere von Saarlouis und St. Arnual her beobachten lassen müssen. Gegen die Detachirung größerer Heereskörper, wie sie Bazaine bezüglich Groß=Blittersdorf will, spricht die Zweckwidrigkeit einer solchen Maßregel, da sie zum Beobachten zu stark, zum energischen erfolgreichen Widerstande zu schwach gewesen wären und andererseits der Hauptkraft einen fühlbaren Eintrag gebracht hätten.

Die Folge einer solchen Replirung in die Stellung von Calenbronne wäre, die ungehinderte Ueberschreitung der Saar durch Theile der I. und II. Armee und die Schlacht am 7. oder 8. gegen einen von der Front und den beiden Flanken vorrückenden Gegner oder aber der freiwillige Rückzug ohne Schlacht gewesen, während bei einem Kampfe in der Höhe von Spichern=Stiring mit einem gleichzeitigen Vorstoße von Saargemünd à cheval der Saar günstige Kampfesbedingungen geschaffen wurden.

Wir finden daher begreiflich, daß General Frossard in seiner Stellung verblieb.

In dem Werke des General Frossard wird nachstehendes Telegramm an Marschall Bazaine angeführt:

Forbach 9 Uhr 10 Minuten.

„J'entends le canon à mes avant-postes et je vais m'y porter. Ne serait-il pas bien que la division Montaudon envoyât de Sarreguemines une brigade vers Gross-Bliederstroff et que la division Decaën se portât en avant vers Merlebach et Rossbruck",

während Bazaine in seinem Werke „l'Armée du Rhin depuis le 12. août jusqu'au 29. octobre 1870" nicht dieses Telegramm, sondern das folgende d. d. Forbach 10 Uhr 6 Minuten:

„L'ennemi a fait descendre des hauteurs de Sarrebruck vers nous des fortes reconnaissances, infanterie et cavalerie, mais il ne prononce pas encore son mouvement d'attaque. Nous avons pris nos mesures sur les plateaux et sur la route. Je n'irai pas à la gare de St. Avold."

erhalten haben will.

Die im 1. Telegramm ausgesprochene Bitte um Verstärkungen wäre gerechtfertigt gewesen, umsomehr als man die Kräfte in nächster Nähe hatte.

Es war dies nicht schwer zu bewerkstelligen, denn die 4 Divisionen des III. französischen Corps standen wie folgt:

1. Die Division Montauban in Saargemünd (7½ Kilom. von Groß-Blittersdorf, 1 Meile).

2. Die Division Castagny in Puttelange (10,5 Kilom. nach Busbach, 1.4 Meilen).

3. Die Division Metman in Marienthal (11,7 Kilom. nach Busbach, 12,2 nach Forbach, 1.5—1.6 östr. Meilen).

4. Die Division Decaën in St. Avold (13,8 Kilom. nach Forbach, 1.8 östr. Meilen).

Es konnte also, wenn der Marschall gleich um 10 Uhr den Marschbefehl ertheilte, noch vor Abend das ganze Corps in das Gefecht eingreifen. —

Da jedoch der Marschall nicht die erste Depesche erhalten, sondern nur jene von 10 Uhr 6 Minuten und bald darauf eine, uns ganz unglaublich klingende, von 10 Uhr 40 Minuten des Inhaltes:

„On me prévient que l'ennemi se présente à Rossbruck et à Merlebach, c'est-à-dire derrière-moi; Vous devez avoir des forces de ce côté",

so antwortete er um 11 Uhr 15 Minuten:

D'après l'ordre de l'Empereur, j'ai porté les divisions Castagny et Metman sur Puttelange et Marienthal. Je n'ai plus personne à Rossbruck ni à Merlebach; j'envoie en ce moment une brigade de dragons dans cette direction, ..."

und gab um 1 Uhr bekannt, daß die Division Metman nach Bening, Castagny nach Farschwiller und Theding marschire; die Angaben Frossards und Bazaines stimmen hier nicht, indem ersterer von letzterem schon gegen 12 Uhr folgendes Telegramm erhalten haben will:

St. Avold, 11 h. 15 M.

„Quoique j'ai peu de monde sous la main pour garder la position de St. Avold, je fais marcher la division Metman sur Machern et Bening, la division Castagny sur Farschwiller et Theding.

„Je ne puis faire plus; mais comme vous avez vos trois divisions réunies, il me semble que celle qui est à Oetting peut très-bien envoyer une brigade et même plus sur Morsbach, fin de surveiller Rossbruck, c'est-à-dire la route passant par Emersweiler et Gross-Rosseln vers Sarrelouis. Notre ligne est malheureusement très-mince par suite des dernières dispositions prises et si ce mouvement est vraiment aussi sérieux nous ferons bien de nous concentrer sur la position de Calenbronne. Tenez-moi en courant."

Fürwahr, ein großer Unterschied! doch spricht bezüglich der Zeit-Angabe der ganze Verlauf für die Wahrheit des Bazaine'schen Berichtes. Nur können wir die Schlußbemerkung: „si ce mouvement est vraiment aussi sérieux," nicht mit seiner eigenen Depesche von 3 Uhr früh zusammenreimen.

Vielleicht dominirte bei dem Marschalle das Gefühl der Unsicherheit, so lange nicht das IV. Corps eingetroffen — und wollte er sich zuerst vereinigen, dann aber dem Feinde Stand halten, weßhalb

St. Avold als Verbindungspunkt mit diesem Corps ihm wichtig erschien.

Allein im gegebenen Falle griff ihn der Feind an, bevor das IV. Corps heran war und griff ihn nicht ohne für die Franzosen günstige Chancen an; der Marschall konnte nicht allein, sondern mußte mit seinen Truppen in den Kampf eingreifen umsomehr als sich ihm der Zufall hold zeigte.

Was die Sicherung der Verbindung mit dem IV. Corps betrifft, so sieht man hier das Bestreben, Alles decken zu wollen. Der Verbindung mit dem IV. Corps drohte nur durch einen Stoß von Saarlouis her Gefahr. Nachdem aber eine Recognoscirung dieses Corps sicher stellte, daß sich daselbst keine ansehnlichen feindlichen Streitkräfte befänden, so war die Verbindung bei der Aufstellung des II. Corps gar nicht bedroht. Die beste Sicherstellung der Verbindung blieb aber die Mitverwendung des IV. Corps bei dem Angriffe, was, wie wir später ausführen wollen, sehr gut geschehen konnte; weßhalb daher kein stichhaltiger Grund für die Zurückhaltung der Division Decaën und Corps-Artillerie in St. Avold zu sprechen scheint.

Auf dem rechten Flügel stand ebenfalls eine Division (Montaubon) als Verbindungsglied mit de Failly.

Der Uebersichtlichkeit wegen greifen wir etwas den Ereignissen voraus und führen nachstehende Depesche Frossards, Forbach 2 Uhr 30 Minuten an:

> „Je suis fortement engagé, tant sur la route et dans les bois que sur les hauteurs de Spichern, c'est une bataille. Prière de faire marcher rapidement votre division Montaudon vers Gross-Bliederstroff et votre brigade de dragons vers Fersbach."

General Frossard ersuchte um eine Vorrückung dieser Abtheilung in der Richtung auf Groß-Blittersdorf, also — in einer solchen, wo 1) die Verbindung mit General de Failly erhalten blieb und 2) thätig in den Kampf eingegriffen werden konnte. Die Möglichkeit, von Saargemünd abrücken zu können, wurde noch dadurch erhöht, daß auch vom V. französischen Corps daselbst 1 Infanterie-Brigade, 1 Cavalerie-Regiment und 1 Batterie stand. Es war daher auch die Division Montaubon disponibel.

Bei der ganzen Situation, da der Feind einen Fluß zu überschreiten hatte, war die Concentrirung aller Divisionen in der vorderen Linie — wo die Truppen Frossarbs standen, nothwendig und genügte zur Deckung der linken Flanke 1 Division zwischen Forbach und Morsbach, jener der rechten die Brigade Lapasset des V. Corps.

Uebrigens hat Marschall Bazaine sofort um 3 Uhr, dem Wunsche Frossarb's entsprechend, der Division Montaubon und Brigade Juniac den Vormarsch auf Groß-Blittersdorf resp. Forbach befohlen.

Unserer Ansicht nach hätten daher vom Marschall nachstehende Anordnungen erlassen werden sollen.

a. Telg. Um 12 Uhr an den General Frossarb.

„Ich setze alle Divisionen jetzt in Marsch und werde persönlich per Bahn in einer Stunde nach Forbach fahren."

b. An die Division Decaën.

„Der Feind greift bei Saarbrücken an. Die Division hat sogleich nach Forbach zu marschiren. Schicken Sie sofort ein Detachement von 2 Escadrons und Ihrem halben Jäger-Bataillon nach Carling zur Beobachtung der Saarlouiser Straße vor. Die Eclairirung hat bis in die Linie Lauterbach-Ludweiler zu geschehen."

c. An den General Metman.

„Der Feind hat das II. Corps angegriffen. Sie haben mit ihrer Division nach Oettingen zu marschiren."

d. An den General Castagny den gleichen Befehl, nur mit dem Unterschiede der Direction auf Busbach. —

e. An den General Montaubon.

„Der Feind greift den General Frossarb in der Linie Stiring-Spichern an. Lassen Sie sogleich Ihre Division aufbrechen und detachiren Sie auf das rechte Saarufer nach Bübingen und Brebach mit dem Auftrag, feindliche Kräfte vom Uebergange abzuhalten. Mit dem Reste rücken Sie auf der Straße über Groß-Blittersdorf gegen Simbach vor. Weitere Befehle erhalten Sie von General Frossarb. Die Brigade Lapasset soll als Repli in Saargemünd verbleiben."

f. An den General Lamiraulbt:

„General Frossarb vom Feinde vor Forbach ange=

griffen, beabsichtige mich mit allen 3 Corps demselben entgegenzuwerfen. Sie haben mit 2 Divisionen dem Feind in die rechte Flanke zu fallen, ihn eventuell von Saarlouis abzudrücken — Vormarsch in der Direction Saarlouis=Völklingen, Hauptkraft gegen Ludweiler. Eine Division rückt nach St. Avold, wo sie zu meiner Disposition als Reserve verbleibt." —

g. Dem Kaiser in Metz mußten die getroffenen Anordnungen gemeldet werden.

Durch solche Anordnungen konnten bis Abend 8 Divisionen am Kampfe theilnehmen und die deutschen Truppen schlagen.

Bricht nämlich die Division Decaën um 1 Uhr auf, so kann sie bei einer Distanz von 1.$_8$ öftr. Meilen oder 13.$_8$ Kilom. und bei Benützung von Seiten=Communicationen, mit Brigade=Colonnen auf gleicher Höhe marschirend, mit der Tête um 5 Uhr, mit der Queue um 6 Uhr in Forbach eintreffen.

Die Corps=Artillerie, welche man traben läßt, wird vorausgeschickt und trifft schon um 3 Uhr auf dem Schlachtfelde ein.

Die Division Metman hat etwa 1.6 Meilen nach Oettingen zurückzulegen und kann um 1 Uhr aufbrechend, mit Brigade=Colonnen auf gleicher Höhe marschirend, um $^1/_2$6 Uhr dort eintreffen.

Die Division Castagny erhält den Befehl telegrafisch, kann daher auch um 1 Uhr abrücken und da die Entfernung nach Busbach etwas über 1.$_4$ Meilen beträgt, ebenfalls zwischen 4 und 5 Uhr dort eintreffen.

Die Division Montaubon wird telegrafisch avisirt, bricht ebenfalls nach 1 Uhr auf und erreicht, in Colonnen auf gleicher Höhe marschirend, um 3 Uhr mit ihrer Tête Simbach.

Das rechte Seiten=Detachement hat nicht ganz 2 Meilen zurückzulegen, wird also ebenfalls gegen 5 Uhr wirksam.

Was die beim IV. Corps vorgeschriebenen Bewegungen betrifft, so stand die Division Cissey bei Teterchen, die Division Lorencez ward für den 6. nach Boucheporn dirigirt, während der Rest des Corps sich in und um Bonlay befand. Die Lage war also gerade nicht ganz günstig, da die Division Lorencez früher in Ham=sous=Varsberg ganz à porté stand und jetzt nach Boucheporn marschirte.

Es blieb daher nichts übrig, als die Division Cissey über Dahl=
heim und Ueberherrn auf Differten, die Division Grenier von Coume
über Wilhelmsbronn und Kreutzwald auf Lubweiler, die Corps=Reserven
über Hargarten=aux=Mines auf Kreutzwald zu dirigiren, den General
Cissey jedoch zur Beobachtung von Saarlouis durch ein Detachement
anzuweisen und die Division Lorencez nach St. Avold rücken zu lassen.

Die zurückzulegenden Entfernungen betragen:

von Teterchen nach Differten 3,25 östr. Meilen,
von Coume nach Lubweiler 2, 5 =   =
von Bonlay nach Kreutzwald 2   =   =
von Boucheporn nach St. Avold 1,25 =   •

Vor Abends 8 Uhr war daher an ein Eingreifen in Linie Dif=
ferten=Lubweiler nicht zu denken.

Erster Angriff der preußischen 27. Infanterie=Brigade auf den „rothen Berg".

Wie schon früher bemerkt, dirigirte General von Kameke seine
Tête=Brigade, die 27., General-Major von François, von welcher die
8. Compagnie rh. Füsilier=Regiments Nr. 39 detachirt war, zum um=
fassenden Angriffe auf den Spicherer Berg vor.

Die preußischen Angaben über den Beginn des Kampfes stimmen
nicht mit jenen des General Frossard überein.

Wir haben in der vorliegenden Arbeit uns an die preußische
Zeitangabe als die richtigere gehalten, wie dies auch aus der Darle=
gung der strategischen Situation und einem Vergleich mit jenen Ba=
zaines, welche wir schon früher gelegentlich der Depeschen anführten,
hervorgeht.

General Frossard sagt in seinem rapport sur les opérations du
deuxième corps:

> „A huit heures des colonnes d'infanterie commen-
> cent à descendre des hauteurs de Sarrebruck, précédées
> de lignes de tirailleurs. Elles s'arrêtent au fond du vallon
> pendant que d'autres tirailleurs débouchent des bois en
> avant de notre gauche, à l'ouest de la route et que des
> escadrons de uhlans et de cuirassiers s'avancent sur cette
> route couverts par un rideau de leurs éclaireurs. En

même temps des batteries d'artillerie apparaissent et prennent position sur le plateau dit Champ de manoeuvres et sur les mamelons attenants .... Vers 9 heures, la lutte s'engage par un combat d'artillerie."

Hier stimmt also vor Allem die Zeit-Angabe nicht.

Der General Frossard telegrafirt schon um 10 Uhr und erhält vom Marschall Bazaine mit dem Datum St. Avold 6 août, 11 h. 15, matin, Antwort.

Es können nur Abtheilungen der Division Rheinbaben gewesen sein, welche vor 11 Uhr durch die Stadt gerückt sind. Von dieser Division war am 6. August die Brigade von Redern aus ihrer Aufstellung mit Patrouillen gegen Forbach und Saarbrücken vorgegangen und besagten ihre Meldungen, daß „bei den Höhen von Spichern anscheinend nur noch 2 Bataillons, 1 Escadron, 1 Batterie sich befanden, welche die Einschiffung anderer Truppen in Stiring und Forbach zu decken bestimmt schienen," und konnte dies sicher vor 10 Uhr Vormittags geschehen sein. Gleichzeitig dürfte noch darauf aufmerksam gemacht werden müssen, daß, wie aus den bis jetzt erschienenen preußischen Berichten hervorgeht, am 6. August noch kein Ulanen- oder Küraffier Regiment sich bei der Division befand.

Was die 14. Division betrifft, verweisen wir auf die früheren Angaben. —

Französischerseits arbeiteten in den Morgenstunden das 10. Jäger-Bataillon und die Genie-Compagnie der 3. Division (Laveaucoupet) an künstlichen Verstärkungen des Vorsprungs nordwestlich der Bremme b'or, und hatten Vortruppen zu ihrem Schutze in die Niederung vorgeschoben. General Laveaucoupet läßt sogleich eine seiner Batterien auf die vorgeschobenen Abtheilungen feuern — welches Feuer gegen 12 Uhr von auf dem Exercierplatze aufgefahrenen Geschützen erwidert wird.

Darin dürfen wir auch den Grund der an General von Kamefe gelangten Nachricht, „eine Arrièregarde von 2 Bataillons und 1 Batterie sei bestimmt, zu decken," den Rückzug Frossards suchen. —

Der früher erwähnte Angriff der 27. Brigade geschah wie folgt:

Das 1. Treffen bestand aus dem Füsilier-Regiment Nr. 39 und dem 2. Bataillon Infanterie-Regiments Nr. 74, während der Rest des Infanterie-Regiments Nr. 74 als Reserve auf dem Repperts-Berge zurückgehalten wurde, und die Divisions-Artillerie à cheval der Chaussée auf den Galgenberg vorrückte.

Von dem 1. Treffen gingen das 1. und 2. Bataillon Füsilier-Regiments Nr. 39 vom Winterberg gegen den östlich des Vorsprunges (Rother Berg) liegenden bewaldeten Abhang vor und setzten sich unter großen Verlusten dort fest.

Das 3. Bataillon des besagten Regiments (die 9. Compagnie als Reserve ausscheidend) wurde zwischen Bahn und Chaussée gegen den östlich der Bahn liegenden Stiringer Wald dirigirt, stieß auf Abtheilungen der Brigade Jolivet und kam ebenso wie das, vom Drahtzug auf Stiring vorrückende, 2. Bataillon 74. Regiments zum Stehen.

Die Vorschiebung der preußischen Avantgarde zur Einleitung ist eine ganz richtige, indem man dadurch Fühlung mit dem Feinde bekam und die Absichten und Stellung desselben besser erkennen konnte.

Andererseits war auch der General-Lieutenant von Kameke in der Meinung, nur eine schwache Arrièregarde vor sich zu haben und beabsichtigte daher durch Festhalten des Feindes vorwärts Forbach das vermeintliche Einschiffen der Truppen zu verhindern.

Bei dem Angriffe der 27. Brigade wäre zu betrachten:
1) Das Object.
2) Die Vertheilung der Truppen.

Das Object war im Allgemeinen die feindliche Aufstellung, welche man sich quer über die Straße von Forbach und auf den Höhen von Spichern dachte. Das Vorgehen der Brigade wurde so zwar ein frontales, doch einem Punkte — dem rothen Berg gegenüber befand sich eine Lücke, wohl dadurch entstanden, daß man in dem freien Vorterrain der Feuerwirkung des Vertheidigers auswich.

Dem Werthe der verschiedenen Objecte der Angriffsfront entsprechend war die Vertheilung der Kräfte: $^2/_3$ (4 Bat.) in der 1. Linie, welche beinahe 3000 Schritte Länge hat, davon 2 auf dem linken Flügel, dem stärkern Objecte gegenüber, 1 begünstigt durch die Terrain-Configuration auf dem rechten, 1 in der Mitte zur Sicherung der Forbacher Straße und Verbindung. Sie waren dem Zwecke entsprechend eigentlich nur das Skelett für den Aufmarsch der Division.

Bei der großen Entfernung, welche von den Spicherer Höhen bis zu dem Exercierplatze ist, circa 2000 mètres, 2750 Schritte, und dem Umstande, daß die Tête des Gros an der Saar angelangt, konnte der General-Lieutenant es wagen, die Vorhut schon jetzt vorrücken zu lassen. —

Nicht allein moralisch, sondern auch naturmäßig für geboten halten wir die sofortige Vorziehung der Artillerie, da die Distanz, nahe an 3000 Schritte, nicht zu den besten gehört und anderseits es sehr viel zur Hebung des moralischen Muthes der vordern Infanterie-Colonnen beiträgt, wenn sie Artillerie ebenfalls auf gleicher Höhe sehen.

Ein Verbleiben in der Position auf dem Exercierplatze würde sich jedoch durch den Umstand rechtfertigen lassen, daß man von hier gute Uebersicht hat, während Galgenberg und Folster Höhe bedeutend niederer gelegen sind. Doch möchten wir uns für das Vorgehen der Artillerie in die Stellung Galgenberg-Drahtzug aussprechen, da man außer dem eigentlichen Gewehr-Ertrag auf wirksamste Entfernung an die feindliche Position heranging und von hier sowohl die Straße nach Forbach als die Bahn nach Stiring kräftig enfiliren konnte. —

Bis jetzt waren von der Division Laveaucoupet 2 Bataillons (nämlich 10. Jäger und eines vom 40. Regiment) in der 1. Linie. Als der General die Preußen zum Angriffe vorgehen sieht, so verstärkt er dieselbe durch 2 Bataillons des 24. Regiments.

Inzwischen, es mag 1 Uhr geworden sein, war das Gros der Division Kamefe vollkommen eingetroffen.

Nachdem das erste Treffen sich in den Waldungen festzusetzen begann, so glaubte Generalmajor von François um ½2 Uhr den Moment für einen Angriff auf den Vorsprung des rothen Berges günstig und führte selbst das Füsilier-Bataillon 74. Regiments vom Neppertsberg durch das „freie, wellenförmige Terrain mit seltener Bravour avancirend, an den Fuß der Höhe vor", wo es gegen 2 Uhr ankam; von heftigem feindlichen Feuer empfangen, jedoch am Fuße liegen bleiben mußte.

Das 1. Bat. Infanterie-Regiment Nr. 74, um diese Zeit nur noch aus 2 Compagnien bestehend („die 3. Compagnie dieses Regiments war schon früher westlich der Chaussée in Richtung auf das Zollhaus vorgegangen; die 4. wurde an den linken Flügel des Füsilier-Bataillons Nr. 74, ebendahin auch die 9. Compagnie von Nr. 39 entsandt", Schell, Operationen der I. Armee) wurde zur Unterstützung des 3. Bataillons, Füsilier-Regiments Nr. 39, in den Stiringer Wald vordirigirt, während das 2. Bataillon 74. Regiments durch die bewaldeten Lehnen südöstlich Schöneck bis an das Nord-Ende von Stiring gelangte, und gegen 3 Uhr ein Grubenwerk besetzte.

Eingreifen der 28. Infanterie-Brigade, erneuerter Angriffs-Versuch der 27. Infanterie-Brigade auf den „rothen Berg".

Die 28. Infanterie-Brigade, von welcher das 2. Bataillon, 53. Regiments, abcommandirt war, erhielt, sobald sie über die Eisenbahn-brücke debouchirt war, den Befehl, längs der Bahn und westlich davon gegen Stiring vorzurücken.

Es war 3 Uhr, als die Brigade in dem Bestreben, den linken Flügel des Feindes zu umfassen, an dem Nord-Ende von Stiring anlangte.

In dem dichten Holze verloren jedoch die Halb-Bataillone der 28. Brigade ihre gegenseitige Verbindung, so daß nur 4 Halb-Bataillone Nr. 53 und ein solches Nr. 77 zur Stelle waren, während ein Halb-Bataillon Nr. 77 in der Richtung auf Stiring vorging und sich dem 2. Bataillon Nr. 74 anschloß.

Die 27. Brigade versuchte von Neuem die Spicherer Höhe und zwar sowohl am kahlen Vorsprunge, als auch an der nordwestlichen Lisière des Stiftswaldes zu nehmen, wurde aber hieran durch einen Vorstoß des 40. französischen Regiments, welches sein Commandant, Oberst Vittot, an die Wald-Lisière vorführte, gehindert. Der Kampf kommt hier zu stehen.

Am linken französischen Flügel hatte General Bergè die disponibeln 7 Bataillons wie folgt vertheilt: In seiner Front — von der Eisenbahn bis an die Straße nach Forbach mit Anlehnung an die Spicherer Höhen:
das 3. Jäger-Bataillon,
das 76. Linien-Infanterie-Regiment und 4 Geschütze.
Auf seiner linken Flanke:
$1/2$ Bataillon 77. Regiments im Walde zwischen Schöneck und der Eisenbahn,
1 Bataillon desselben Regiments bei dem Wendel'schen Gewerk an der Nord-Lisière von Stiring, um sowohl die Waldausgänge als auch die Eisenbahn unter Feuer nehmen können.
Als Reserve hinter der Mitte:
$1 1/2$ Bataillon und 2 Geschütze nebst der Mitrailleur-Batterie. —

Diesen Kräften gegenüber war es den beiden Compagnien 1. Bataillons Regiments Nr. 74 (1. und 2.) gelungen, die Südwestlisière des

Stiringer Walbes zu gewinnen, den Feind mit dem Verluste von 6 Geschützen zurückzuwerfen und über die Eisenbahn die Verbindung mit dem 2. Bataillon 74. Regiments nach 3 Uhr herzustellen. —

Frossard zog einen Theil seiner Geschütz-Reserve auf das Spicherer-Plateau.

Während das Gefecht vor der Front zum Stehen kommt, bleiben die Flanken noch ruhig.

General Vergè, welcher in seiner linken Flanke etwas überflügelt wird, verlangt von General Frossard Verstärkungen, worauf dieser ihm das 32. Regiment der Brigade Valazè von Forbach — welches zur Besetzung der nordwestlichen Lisière und des Gewerkes verwendet wird, sendet.

Hier läßt auch General Vergè seine Mitrailleur-Batterie in Action treten.

Gleichzeitig wird der General von Valabrègue beauftragt, mit einer reitenden Batterie und zwei Escabrons des 4. Chasseur-Regiments, welchen sich zwei Escabronen des 7. Dragoner-Regiments (bisher Divisions-Cavalerie der 1. Division) anschließen, im Centrum — also in der Nähe der Forbacher-Straße, den Feind aufzuhalten.

General Laveaucoupet detachirte den Oberst Gressot mit 2 Escabrons des 7. Dragoner-Regiments nach Simbach zur Deckung und Eclairirung der rechten Flanke.

Wenden wir uns bei der kritischen Betrachtung zuerst zum französischen rechten Flügel.

Die Vertheilung der Division Laveaucoupet auf den Spicherer Höhen ist eine gute.

Das 10. Jäger-Bataillon auf dem serpentinartig mit Schützengräben versehenen Vorsprung, unterstützt von der Genie-Compagnie genügt nicht allein zu der Vertheidigung, sondern bestreicht in ausreichender Weise das Vorfeld, während das Gehölz zwischen dem Stiftswalde und dem Vorsprung von 1 Bataillon besetzt ist und so den Aufgang, westlich des Vorsprungs flankirt.

Die Verstärkung der Front durch 2 Bataillons des 24. ist genügend und der Vorstoß des 40. Regiments — resp. die Entwicklung 2 weiterer Bataillone dieses Regiments an der Nord-Lisière des Gehölzes — spricht für eine richtige Erfassung des Gedankens der Vertheidigung, die Kräfte in der vordersten Linie zu verwenden.

Das Vorziehen der disponiblen Artillerie mußte schon in dem Momente der Entwicklung der feindlichen Angriffs-Colonnen geschehen, indem man hier das Vorgehen über die Niederung dem Gegner sehr erschweren konnte.

General Laveaucoupet hat außer der Brigade Micheler und seiner Artillerie noch keine Truppen verwendet.

Die genannte Brigade disponirt noch über 1 Bataillon des 24. als Reserve, während die ganze Brigade Doëns sich noch als Hauptreserve auf der Höhe hinter (südl.) Spichern befindet.

Sobald der Angriff der Preußen sich ausgesprochen, so mußte der General Laveaucoupet auch diese Brigade antreten und nördlich Spichern in concentrirte (Rendez-vous) Aufstellung vorrücken lassen.

Die Uebersicht vom Sporn (Vorsprung) aus ist eine gute, die Stärke des Angreifers konnte erkannt werden und dann mußte diese Brigade zu einem Vorstoße längs der West-Lisière des Stiftswaldes vorpussirt werden.

War General Laveaucoupet für seine rechte Flanke besorgt und glaubte er deßhalb seine Haupt-Reserve zur Hand behalten zu müssen, so kann man sich mit dieser Entschuldigung nicht einverstanden erklären, denn durch einen Theil seiner Divisions-Cavalerie konnte er den Aufgang von St. Arnual beobachten und endlich durch 1 Bataillon den Stiftswald besetzen lassen und so die rechte Flanke decken.

Soviel kann man jedoch sagen, daß ein Vorstoß der Brigade Doëns auch nur mit 4 Bataillons die Brigade François in eine sehr unangenehme Situation versetzt und zum Rückzuge gezwungen haben würde, welcher Bewegung die 28. Brigade hätte folgen müssen.

Die Truppen-Vertheilung der 7 Bataillone der Division Vergé ist im Allgemeinen eine richtige.

Durch Besetzung des Gehölzes zwischen der Straße und der Eisenbahn ward nicht nur die eigene Front, sondern auch die Verbindung mit der 3. Division (Laveaucoupet) gesichert; doch scheint die Besetzung dieses Wäldchens nicht ganz zweckmäßig vorgenommen worden zu sein, da es dem vereinzelten 3. Bataillon Füsilier-Regiments Nr. 39 gelang, in dasselbe einzubringen. Es ist eine alte Regel der Taktik, daß man kleinere Wälder an ihrer vorderen Lisière vertheidigt.

Die Besetzung des ausgedehnten Eisenwerkes, als Stützpunkt des linken Flügels und zur Bestreichung der Eisenbahn sehr zweckdienlich, zeugt für eine richtige Auffassung des Gruppensystems. Die Detachirung eines Halb=Bataillons in das Wäldchen von Schöneck zur Sicherung der linken Flanke gegen eine Tournirung (durch ein Vorgehen in dem Saarbrücker Gemeinde=Wald) ist ebenfalls sehr zweckentsprechend, wenn auch zu schwach.

Da General Vergé jedoch nur über eine Brigade zu verfügen hatte, so läßt sich daraus demselben kein Vorwurf machen. —

Wenden wir uns zu einer Betrachtung des preußischen Angriffes, so muß unter Berufung auf das bezüglich der Einleitung des Gefechtes durch die Avantgarde Gesagte zuerst die Disposition des General von Kamele betrachtet werden.

Wie oben gesagt, entsprach das frontale Vorschieben der 27. Infanterie=Brigade vollkommen dem Zwecke der Einleitung, weil es gleichsam ein Fühlen über die Ausdehnung der feindlichen Stellung war.

Dieses Gefecht constatirte, daß man es doch mit stärkeren Kräften, als mit 2 Bataillons zu thun habe, und der General, welcher einmal zur Offensive sich entschlossen hatte, war insoweit orientirt, daß ein frontales Vorgehen nicht zum gewünschten Ziele führen werde — weßhalb er die Stellung zu tourniren gedachte.

Es trat nunmehr an ihn die Frage heran, in welcher Richtung dies zu geschehen habe.

Bei der Annahme einer einseitigen Besetzung des Spicherer Plateaus von Seite der Franzosen durch eine, wenn auch stärkere Arrièregarde und der Vermuthung, das Gros des II. französischen Korps befinde sich im Abzuge über Forbach, konnte es wohl keinen anderen Weg geben, welcher rascher zum Ziele führte, als ein Vorgehen à cheval der Eisenbahn über Stiring gegen Forbach, indem man nicht allein den Anprall an die feindliche Front vermied, sondern auch auf das in der Abrückung gedachte Gros des II. französischen Corps stieß und so dem Vorgehen der 13. Infanterie=Division die Hand bieten konnte.

Wäre die Annahme eine richtige gewesen, so könnte man die Disposition vollkommen billigen.

Wie schon in der Einleitung hervorgehoben, war durch Vorschieben einzelner Escadrons leicht die Lage des feindlichen Corps zu erkennen.

Bei der Voraussetzung, daß dies geschehen, trat an den preußischen General die Nothwendigkeit heran, sich zu entschließen, ob und wo er angreifen oder erst das Eintreffen von Verstärkungen, die ihm bei der großen Nähe beträchtlicher deutscher Streitkräfte und bei dem Pflichtgefühle ihrer Führer nicht ausbleiben konnten, abwarten wollte.

Letzteres konnte jedoch, obwohl anscheinend das Sicherste, die 14. Infanterie=Division in eine ungünstige Lage bringen, da abgesehen von dem Nichterreichen des Gefechtszweckes, durch ein Stillstehen der preußischen Division der Gegner auf die Schwäche derselben aufmerksam gemacht und dann vielleicht, seiner Uebermacht bewußt, energisch vorgegangen wäre.

So konnte und mußte sich General=Lieutenant von Kameke zur Fortsetzung des Angriffes entschließen, umsomehr, da er der Unterstützung der nächsten Heerestheile sicher war, da ja General v. Goeben ihm dieselbe zugesagt hatte.

Von diesem Momente an durfte sich die 14. Infanterie=Division nur als die Avantgarde der allmälig eintreten könnenden Abtheilungen betrachten und mußte ihr Angriff so stattfinden, daß er das thätige Eingreifen der Nachbar=Divisionen sicherstellt.

Der zu führende Kampf war somit ein Kampf um Zeitgewinn geworden.

Der Aufgang von Saarbrücken war am meisten durch ein Vorgehen der Franzosen von ihrem rechten Flügel über den Stifts=Wald auf den Winterberg bedroht — in dieser Richtung mußte daher der Feind vom Vorschreiten abgehalten werden und konnte dies am besten durch einen Angriff in der besagten Richtung geschehen — wie es auch der weitere Verlauf des Gefechtes zeigt.

War aber genügende Verstärkung eingetroffen, so mußte dann immerhin der Hauptstoß auf Stiring=Forbach geführt werden und muß auch in dem in Wirklichkeit stattgehabten umgekehrten Verfahren der Grund für die Rückzugsfreiheit des II. französischen Corps gesucht werden.

Sowie der Kampf einmal entirrt wurde, war die stattgefundene Entwicklung eine Folge dieses Fehlers, welchen wir kurz wie folgt ausdrücken möchten:

„Die 14. Infanterie=Division, anstatt sich als die Avantgarde der nächststehenden andern Truppen zu betrachten, fühlt sich stark genug, allein ein großes Resultat zu erreichen und wird gerade in dem Momente zur Defensive gezwungen, wo sie zum entscheidenden Angriff übergehen soll." (Eintreffen der Verstärkungen ½4 Uhr.) —

Die Disposition für die 14. Division würde deshalb nach unserer Anschauung gelautet haben:

An den General von François:

"Halten Sie den Kampf in der Front hin, zur Deckung resp. Beobachtung der rechten Flanke unterstelle ich Ihnen das 15. Husaren-Regiment."

"General von Woyna wird beauftragt, mit 3 Bataillons an Ihrem linken Flügel vorzurücken."

"2 Bataillons seiner Brigade verbleiben hinter dem Galgenberg in Reserve, wo mich Ihre Meldungen treffen."

An den General von Woyna:

"Die 27. Brigade hat den Auftrag, à cheval der Forbacher-Straße den Feind festzuhalten — marschiren Sie mit 3 Bataillons durch das Muckenthal (jetzt Ehrenthal) und die Galgendelle gegen die See-Tiefe von St. Arnual ab, und rücken Sie dem Feind durch den Stiftswald von St. Arnual in die Flanke."

"Verbindung mit der 27. Brigade ist herzustellen."

"Ich halte mich auf dem Galgenberge — wohin auch ihre 2 disponibeln Bataillons zu rücken haben, auf."

Die Brigade von Rebern wird ersucht, eine Recognoscirung gegen Simbach in den Rücken der feindlichen Stellung vornehmen zu lassen, Gleichzeitig Meldung resp. Mittheilung an das VII. Corps-Commando — die 16. und 5. Division.

Bis jetzt macht sich der Einfluß einer einheitlichen Gefechtsleitung bei dem französischen Corps nicht besonders geltend. General Frossard mußte, da sich einerseits der preußische Angriff ausgesprochen hatte und er anderseits von dem Marschall Bazaine eine, wenn auch nicht ganz befriedigende, Aufklärung bezüglich einer eventuellen Unterstützung erhalten hatte, ferner der preußische Angriff momentan zum Stehen kam, die nöthigen Dispositionen erlassen.

Ganz recht hat der General, wenn er in seinem rapport sur les opérations au deuxième corps sagt, daß es nicht mehr möglich war, das schon stark engagirte II. Corps in die Stellung bei Calenbronne zurück zu ziehen.

Man durfte sich nur für eine erfolgreiche und energische Fortführung des Kampfes entschließen. Demgemäß war die (2.) Division Bataille, welche bei Oettingen in Reserve stand, noch vor 2 Uhr in Marsch zu setzen.

Bei der Nothwendigkeit einer Sicherung der linken Flanke bei Forbach gegen Saarlouis mußte auf dem Kaninchen=Berge in der vorbereiteten Stellung Infanterie gelassen werden; — eine Brigade war, wie gesagt, zu viel. — General Frossard zog auch jetzt ein Regiment, später das andere zur Division Vergé vor.

Es war daher jetzt die Brigade Valazé abzulösen und zur Division Vergé zu dirigiren, während 1 Regiment der Division Bataille, 1 Rohr= und 1 Mitrailleur=Batterie nebst dem 12. Dragoner=Regiment bei Forbach in der hergerichteten Stellung verbleibt, resp. die Flanke eclairirt. Der Rest der Division Bataille (10 Bataillons, 2 Batterien) rückt nach Spichern vor.

Der Kampf war einmal begonnen, man mußte ihn zu Ende führen.

Die Reserve=Artillerie war nun ganz in das Feuer zu ziehen und dann zum Stoß auf den Feind auszuholen.

Mehrfach wurde schon bei der Lage der 14. Division und der Richtung, in welcher ihre Verstärkungen (nämlich über Saarbrücken) kommen konnten, die Wichtigkeit eines Vorstoßes über den rechten Flügel gegen den Winterberg hervorgehoben.

Eingeleitet konnte diese Bewegung durch einen Vorstoß der Brigade Doens, in die linke Flanke der 27. preußischen Brigade werden, welcher um 3 Uhr gut eine Brigade von Bataille folgen konnte. So beschränkte sich aber die Disposition des General Frossard auf das Vorziehen der Division Bataille nach Spichern und ein passives Halten der Stellung, wahrscheinlich in der Hoffnung, vielleicht doch noch Hilfe von Bazaine zu erhalten; aber es ist immer besser, sich im Kriege auf sich selbst zu verlassen und den Moment zu benützen.

Mit Zaudern verliert man Zeit und damit leicht Alles.

Inwieweit die Angaben mehrerer französischer Schriftsteller, welche dem General Frossard den Vorwurf machen, das Gefecht nicht geleitet und sich nirgends gezeigt zu haben, gerechtfertigt sind, wissen wir nicht und enthalten uns jedes Urtheils, nur soviel geht aus dem weiteren Verlaufe hervor, daß General Bataille bei seinem Eingreifen keine entsprechende Disposition erhalten hat.

Eintreffen preußischer Verstärkungen von der 5. und 16. Infanterie-Division nach 3 Uhr Nachmittags.

Der Donner der Geschütze war eine mächtig rufende Stimme für die zunächst befindlichen anderen preußischen Abtheilungen, während er den französischen Marschall Bazaine anscheinend ruhig ließ.

Die Avantgarde des III. preußischen Armeecorps stand unter dem Generalmajor von Döring am 6. August in und bei Sulzbach, circa 1½ Meilen von Saarbrücken entfernt.

General-Major von Döring, welcher bei Gelegenheit einer an der Saar unternommenen Recognoscirung die 14. Division in einen ernsten Kampfe engagirt sah, entschloß sich, die bei sich habenden 2 Bataillone des 5. brandenburg. Infanterie-Regiments Nr. 48, sowie eine Escadron des 2. brandenb. Dragoner-Regiments Nr. 12 sogleich nach Saarbrücken abrücken zu lassen.

Ferner beorderte er den Rest der 9. Brigade (das Grenadier-Regiment Nr. 8 und 1 Bataillon Nr. 48, sowie zwei Batterien, von Duttweiler ebenfalls nach Saarbrücken vorzugehen und meldete die Sachlage dem Divisionär, General-Lieutenant von Stülpnagel, welcher die getroffenen Anordnungen billigte und an das Corpshauptquartier in Neunkirchen berichtete.

Hier traf die Nachricht um 2 Uhr ein, worauf General von Alvensleben sofort Anordnungen erließ, in Folge welcher das Grenadier-Regiment Nr. 12 per Bahn von Neunkirchen nach St. Johann, die Corps-Artillerie von Ottweiler (4 Meilen) mit Fußmarsch und das Regiment Nr. 20 von St. Wendel aus per Bahn abzurücken hatten; desgleichen wurde das Infanterie-Regiment Nr. 52, sowie eine Batterie, welche in St. Ingbert waren, zum Marsche nach Saarbrücken befehligt, so daß wir also die ganze 5. Division und 6 Batterien der Corps-Artillerie in Bewegung sehen.

Außerdem eilten auch Abtheilungen des VIII. Armee-Corps dem Kampffelde zu und General von Goeben, Commandant dieses Armee-Corps, war nämlich auf einem Recognoscirungsritte im Laufe des Vormittags in Saarbrücken angelangt und bot, sobald er den Entschluß des General-Lieutenants von Kameke zum Angriff erfuhr, seine Unterstützung an. Diese ward auch, ohne daß sein Befehl dazu den General von Barnekow erreichte, von der 16. Division gebracht.

Gleich zu Beginn der Action erhielt nämlich General-Lieutenant von Barnekow (Commandant der 16. Infanterie-Division) Kenntniß von dem Kampfe und setzte seine Avantgarde in Bewegung auf Saarbrücken, worauf gegen 3 Uhr 2 Batterien, das Füsilier-Regiment Nr. 40 und 3 Escadrons vom 2. rheinischen Husaren-Regiment Nr. 9 auf dem Schlachtfelde eintrafen.

Gleichzeitig wurden die Têten der 5. Division auf dem Winterberge sichtbar. Es waren dies das 1. und Füs.-Bataillon 5. brandenburgischen Regiments Nr. 48 und 1 Batterie. Die Generale von Stülpnagel und Doering waren ihren Truppen voraus auf das Schlachtfeld zur Recognoscirung geeilt, beorderten die 2 Bataillone des genannten Regiments, die Weinberge am Süd-Abhange zu besetzen und placirten die Batterie auf den Höhen von Saarbrücken.

Das Füsilier-Regiment Nr. 40 setzte sich auf den linken Flügel der 14. Infanterie-Division.

Um diese Zeit rückte das am Fuße des rothen Berges liegende Füsilier-Bataillon Nr. 74 im raschen Anlauf den kahlen Hang hinan und gelangte bis an den Rand, wo es sich sammelte.

Ein aus dem bewaldeten Theile der Höhe unternommener Offensivstoß in die linke Flanke des Bataillons wurde durch die von General von François geführte 9. Compagnie Füsilier-Regiments Nr. 39 abgewendet, wobei dieser General den Heldentod fand.

Der in diesem Moment eingetroffene commandirende General des VIII. Armeecorps, General der Infanterie von Goeben, übernahm als ältester anwesender General das Commando und gab dem Angriffe eine den feindlichen rechten Flügel mehr umfassende Richtung. —

Zur kritischen Betrachtung übergehend, können wir unter Berufung auf das früher Gesagte die Anordnungen der Commandanten der 5. und 16. Division, sowie des III. Armee-Corps als ebenso zweckmäßig wie vom Geiste wahrer kriegerischer Kameradschaft erfüllt bezeichnen.

Auf diese Art sehen wir 15 Bataillons, 7 Escadrons, 12 Batterien zur Verstärkung der 14. Division dem Kampffelde zueilen.

Der Eintritt der Verstärkungen in die Gefechtslinie geschah in, und wie aus der früheren Betrachtung der Angriffsrichtung hervorgeht, correcter Richtung, auf den linken (preußischen) Flügel und zwar war es sehr gut, das 40. Regiment sofort auf den linken Flügel der 27. Brigade, welche in einer sehr ungünstigen Situation war, vorzunehmen.

Ebenso richtig war die momentane Besetzung der Weinberge am

Süd-Abhange des Winterberges durch die 2 Bataillone Nr. 48, da man vorerst das Eintreffen der Brigade abwarten wollte, ehe man sich an einen Angriff auf den Stiftswald wagte.

Schwer ist es jedoch über den kein Resultat versprechenden Vorstoß des Füsilier-Bataillons Nr. 74 zu sprechen, ehe Näheres über die Motive dieses Vorgehens bekannt geworden, da man sonst nur zur Negirung der Zweckmäßigkeit gelangen könnte.

Angriff des General von Goeben.

Der von dem General von Goeben geleitete Angriff wurde wie folgt ausgeführt.

Das 3. Bataillon Füsilier-Regiments Nr. 40 geht gegen den rothen Berg und links hiervon vor, während die 2 Bataillone Infanterie-Regiments Nr. 48 gegen den Stiftswald dirigirt wurden und die 2 Batterien der 16. Infanterie-Division auf dem Galgenberge auffuhren.

General Laveaucoupet, welcher die Brigade Doëns in die 1. Linie vorgezogen, wobei das 63. Infanterie-Regiment die Vertheidigung des Vorsprunges (rother Berg) und des dortigen Gehölzes übernahm, warf das 1. Bataillon des Füsilier-Regiments Nr. 39, welches auf den Winterberg zurückging. Gleichzeitig ersuchte er den General Frossard, eine Brigade der (2.) Division Bataille als Unterstützung rechts rückwärts aufzustellen.

Am linken Flügel hatte inzwischen, wie schon erwähnt, die 28. Brigade Fortschritte gemacht und sich des Waldes an der Eisenbahn bemächtigt.

Auf die Bitte des General Vergé läßt nun der General Frossard auch das 58. Linien-Infanterie-Regiment von der Brigade Valazé zur Division einrücken und zieht 2 Reserve-Batterien ins Feuer, wodurch das Gefecht zum Stehen kommt, um jedoch nach einiger Zeit von Neuem aufzulodern.

Auf dem äußersten rechten Flügel der 28. Brigade hatten die um das Nord-Ende von Stiring herumdirigirten Halbbataillone ihre Bewegung fortgesetzt, alle nordwestlich der Bahn gelegenen Gehöfte genom=

men und stürzten sich in südlicher Richtung gegen die große Fabrik, Eisenhammer, vor, wobei sie in einzelne Gebäude derselben eindrangen.

Allein die Unübersichtlichkeit des Terrains und der Mangel einer einheitlichen Leitung der um den Besitz von Stiring blutig ringenden Truppen verhinderte vorderhand ein entscheidendes Resultat.

Das 77. Regiment, welches im 2. Treffen folgen sollte, war anderweitig engagirt (baraque mouton), so daß General v. Woyna das 1. Bataillon Nr. 53 aus dem Feuer zog und beim Drahtzuge als Reserve aufstellte.

Um diese Zeit wurde der Marschall Bazaine von dem Verlaufe des Gefechtes benachrichtigt und traf von diesem die telegrafische Nachricht dd. St. Avold 2 Uhr Nachmittags ein, nach welcher die Division Montaubon auf Groß-Blittersdorf, die Dragoner-Brigade auf Forbach im Marsche sei.

General Bataille, welcher nachdem er die Brigade Jauvart-Bastoul mit 7 Bataillons und 1 Batterie nach Spichern dirigirt hatte, mit 5 Bataillons und 2 Batterien nach Stiring hinabgestiegen war, griff nun energisch in den Kampf der Division Vergé ein.

Er disponirt 1 Bataillon des 23. Regiments auf Stiring, 1 desselben Regiments links der Eisenbahn und wirft mittelst eines energischen Angriffes den Feind aus dem Gehölze.

Nachdem die preußische Brigade die Aufgabe hatte, den linken französischen Flügel zu tourniren, so war es sehr richtig, daß sie trachtete à cheval der Eisenbahn Terrain zu gewinnen und muß sie diese Aufgabe mit großem Geschicke vollführt haben, da es ihr gegen 10 Bataillons gelang das Gehölz vor Stiring zu nehmen.

Betrachten wir das Gefecht der 28. Brigade genauer, so kann man trotz dem durch die Formation von Halbbataillonen bedingten Chaos, ganz deutlich das richtige Bestreben erkennen, sich durch Besitznahme des Stiringer Waldes sowie des Bahndammes für den späteren Angriff auf das eigentliche Dorf (nordöstlicher Theil) zu verschaffen. Es hieße „Eulen nach Athen tragen", wollten wir uns in eine Besprechung der Formation mit Halbbataillonen einlassen. Doch darf es nicht unterlassen werden auf das sogenannte „Durchgehen" des 77. Regimentes aufmerksam zu machen.

Das Regiment hatte mit Halb-Bataillons wacker zur Eroberung des Stiringer Waldes beigetragen, das 1. Halbbataillon wurde schon um

3 Uhr gegen die Ostlisière von Stiring in ein heftiges Gefecht ge=
zogen, so daß nur noch 2 Bataillons (2. u. Füsil.) übrig blieben, wo
und wie diese abirrten ist nicht angegeben, doch tauchen in der
Schlachtbeschreibung des Major v. Schell die Bataillone wieder
und zwar das 2. neben dem 3. Bataillon Nr. 39 im Stiringer Wald,
das Füs.=Bataillon bei den Gehöften baraque mouton und bremme
d'or auf.

In wie weit der etwaige Mangel einer bestimmten Disposition
durch den Brigade=Commandeur daran Schuld trug, sind wir bei un=
serer Unkenntniß der Sachlage nicht im Stande zu beurtheilen.

Wenn v. Woyna auch in Folge des Stoßes des General Ba=
taille das Gehölz wieder verlor, so ist es bei der bedeutenden Ueber=
zahl und der Dauer des Kampfes ganz natürlich. Der Verstoß dieses
Generals ist sehr à tempo gekommen, doch können wie unter Be=
rufung auf das früher Gesagte nicht billigen, daß er mit so bedeuten=
den Truppen (8 Bataillons, weil er später noch das 67. Regiment
von der Spicherer Höhe zu sich rief), in dem Thale bei Stiring ficht,
während doch gerade die Mehrzahl auf der Spicherer Höhe noth=
wendig war.

Uebrigens hat der General später 2 Bataillons zur Brigade Fauvart zurückgesandt.

Die Zurücklassung von dem 12. Jäger=Bataillon in Oettingen
ist schlecht, weil diese Truppe vorne nöthig war.

Immerhin ist es ein glänzendes Zeugniß für die 7½ Bataillons
unter General v. Woyna, daß sie durch ihr Gefecht über die Hälfte
des Gegners und zwar circa 20 Bataillons auf sich zog und so be=
schäftigte, daß diese sich nur mit aller Anstrengung in ihren Stellun
gen behaupten konnten. —

Die 28. preußische Brigade behauptete noch mit dem 2. Batail=
lone Nr. 77 und 3. Bataillon Füsilier=Regiments Nr. 39 das Ge=
hölze westlich Stiring, weßhalb General Bataille es durch 2 Bataillone
des 67. im ersten und 1 Bataillon im zweiten Treffen angreifen und
nehmen läßt. Durch diesen glücklichen Angriff gelingt es ebenfalls die
fünf verlorenen Geschütze zurückzunehmen.

Die Art des Eingreifens des Generals Bataille ist ebenso richtig
als bemerkenswerth.

Den Hauptstoß richtet er gegen das erwähnte Gehölz — den
Angelpunkt des linken Flügels, während er gleichzeitig à cheval der

Eisenbahn in Stiring Fuß zu fassen sucht. Hauptobject ist der Stiringer Wald, daher dorthin die Hauptkraft; Folge der Rückeroberung desselben durch die Franzosen Bedrohung des Rückens der in Stiring eingedrungenen preußischen Abtheilungen — daher, verbunden mit gleichzeitigem directen Angriff — Delogirung derselben.

Die 28. Brigade hatte also gegen 6 Uhr auf der ganzen Linie wieder Terrain verloren.

Inzwischen war um 4 Uhr das Grenadier-Regiment Nr. 12, 1 Bataillon Regiments Nr. 48 auf dem Kampffelde eingetroffen und rückten im Vereine mit dem Füsilier-Regiment Nr. 40 zum Angriffe gegen die unbewaldete Stelle zwischen dem Gehölze und dem Stiftswalde, sowie den Letzteren vor.

General Laveaucoupet wirft dem nun immer intensiver werdenden Angriff seine letzten disponibeln Kräfte entgegen.

2 Bataillons des 2. Regiments unter General Doens rücken an den Rand des Stiftwaldes vor und nehmen die Angreifer unter ein heftiges Schnellfeuer.

Doch gelingt es nach 5 Uhr den Kamm der Höhe abermals zu gewinnen und den rechten Flügel der Division Laveaucoupet aus dem Walde ganz zu verdrängen, während die südwestliche Waldspitze noch von derselben hartnäckig gehalten wurde.

Nach 5 Uhr Abends befiehlt der General Laveaucoupet der Brigade de Doens, welche nach Verwundung des Brigadiers, der Oberst Zentz kommandirt, nunmehr den Vorsprung und das Gehölz zu räumen und sich 500 Metres rückwärts auf dem Rücken direct vor Spichern aufzustellen.

Diese Bewegung wird, trotz der sehr gelichteten Reihen der französischen Bataillons, mit größter Ordnung echelonsweise durchgeführt und zwar mit Echelons vom linken Flügel.

Die Brigade verhindert nun durch ihre Aufstellung und ihr Feuer das Debouchiren der Preußen. Das Füsilier-Regiment Nr. 40 besetzte das Wäldchen — die hier befindlichen Reste der 27. Brigade konnten nunmehr ebenfalls die Höhe ersteigen und vorgezogen werden, worauf der Angriff in der Richtung auf den Kreutzberg eingeleitet wurde — ohne jedoch vorwärts zu kommen, da das ganze Vorterrain im Feuer der Brigade Fauvart-Bastoul und der Division Laveaucoupet, nebst 5 Batterien war.

Jeder preußische Debouchirungsversuch scheiterte, auch die Südwest-Spitze des Stiftwaldes konnte vorab nicht dauernd behauptet werden. Dabei hatte der heiße Kampf und das ungünstige schwierige Terrain den tactischen Verband des Angreifers bedeutend gelockert; die Abtheilungen des 48., zweier Bataillone Nr. 40 und 12, Abtheilungen von Nr. 74 und 39 waren untermischt, doch waren nach v. Schell — im Ganzen das 40. Regiment auf dem rechten, das 48. auf dem linken Flügel.

Das Füsilier-Bataillon 77. Regiments war vom Drahtzug gegen die nordwestlichen Hänge der Spicherer Höhen vorgedrungen und hatte nach 4 Uhr die Gehöfte bremme d'or und baraque mouton dem Feinde entrissen und im Vereine mit 3 andern abgeirrten Compagnien (von Nr. 39, 74 und 77) behauptet. —

Um 6 Uhr traf der commandirende General des VII. Armeecorps, General der Infanterie von Zastrow, auf dem Galgenberge ein und übernahm vom General von Goeben das Commando.

Die preußische Artillerie stand nunmehr mit 7 Batterien auf der Folster Höhe und dem Galgenberge außer einigen Cavallerie-Regimentern war keine Reserve vorhanden.

Bei einer kritischen Betrachtung der letzten Stadien des Angriffes auf die vordere Crete des Spicherer Berges und auf das Gehölz wenden wir uns zuerst zu den Franzosen.

Die Brigade Micheler hatte seit Vormittag gekämpft — ihre Munition begann zu schwinden, das Vorziehen der Brigade Doëns war daher nothwendig.

Die Versuche, welche zur Verhinderung des Debouchirens der Preußen auf die Höhe unternommen wurden, sind ebenfalls zweckmäßig. Nur fällt es uns sehr auf, daß die Brigade Fauvart am Vorsprunge verwendet wurde, indem gerade hier eine geringe Kraft 3—4 Bataillone vollkommen genügten.

Die Vertheilung der Truppen in der Stellung nach Ablösung der Brigade Micheler hätten wir der Art vorgenommen:

auf der Nase (Eperon) des rothen Berges	2 Bataillons;
in dem Gehölze	1 Bataillon;
äußere Reserve rückwärts desselben	2 Bataillons;
im Stifts-Walde	2 Bataillons;

so daß noch 3 Bataillons als Haupt-Reserve verbleiben, welche in der Nähe des Gehölzes aufgestellt werden.

In diesem Falle hätte man mehr Ordnung in die Vertheidigung gebracht und möglicherweise den frontalen Angriff empfindlich werfen können.

Der Entschluß zum Rückzuge wurde in dem Momente gefaßt, als das Eintreffen preußischer Verstärkungen in der rechten Flanke fühlbar wurde und man denselben keine Truppen mehr entgegensetzen konnte.

Der Rückzug war daher angezeigt und ging hinter das von Simbach heraufführende Seitenthal, entzog sich also in etwas einer Tournirung des rechten Flügels und beschränkte das Angriffsfeld für den Gegner, so daß man die nachher eingenommene Aufstellung als für alle Waffen günstig bezeichnen muß.

Bei dem preußischen Angriff zeigt sich deutlich die große Ueberlegenheit des Ueberflügelns, wodurch allein der Angriff auf das Gehölze gelang.

Bei dem Umstande, daß die Kräfte beiderseits sich hier Waage hielten, ist es ganz natürlich, daß die preußischen Abtheilungen das Gehölze nicht sofort im Sturme nahmen, sondern erst durch das freiwillige Zurückgehen der Franzosen in den dauernden Besitz desselben kamen.

Dieses freiwillige Zurückgehen wurde aber durch die Ueberflügelung nach rechts veranlaßt.

Als nicht ganz zweckentsprechend scheint jedoch die Anhäufung des 40. und 12. preußischen Regiments gegenüber dem rothen Berge und der scharfmarkirten Schlucht östlich desselben bezeichnet werden zu müssen, da durch diesen Frontal-Angriff große Verluste herbeigeführt wurden und das Debouchiren auf das Plateau nicht gelang.

Während das Füsilier-Regiment Nr. 40 im Vereine mit der 27. Brigade in der Fronte zu halten hatte, waren die Regimenter 48 und 12 auf dem linken Flügel im Stiftswalde vorzuschieben und so das Plateau zu gewinnen. —

Bevor wir zu der Darstellung der nun folgenden Kämpfe übergehen, ist es nothwendig, die bis 6 Uhr in das Gefecht getretenen Abtheilungen aufzuzählen.

Außer den 11 Bataillons, 4 Batterien und 4 Escadronen der 14. Infanterie-Division, hatte die 16. 3 Bataillons, 2 Batterien und 4 Escadrons, die 5. 5 Bataillons, 2 Batterien und 4 Escadrons, die 5. Cavalerie-Division, 12 Escabrons, die 6. 2 Escabrons auf das Kampffeld entsendet.

Um 6 Uhr traf General-Lieutenant von Alvensleben mit mehreren Abtheilungen (Leib-Regiment Nr. 8, Regiment Nr. 52, Füsilier-Bataillon Nr. 12. Jäger-Bataillon Nr. 3 und 2 Batterien) seines Corps auf dem Gefechtsfelde ein und beabsichtigte vorerst Cavalerie und Artillerie auf die Kuppe des rothen Berges zu bringen

Aus nicht angegebenen Gründen wurde jedoch von der Cavalerie-Verwendung abgestanden, dagegen erstiegen 2 Batterien (3. leichte und 3. schwere) die Höhe und fuhren 1200 Schritte nördlich von Spichern an der Westlisière des Stiftswaldes von St. Arnual auf. Gleichzeitig avancirten die 4 Batterien der 14. und die 2 der 5. Infanterie-Division auf die Folster Höhe, während die beiden Batterien der 16. Infanterie-Division an den Fuß des rothen Berges vorgezogen wurden. General von Alvensleben II., welcher das Commando des linken Flügels übernahm, dirigirte, nachdem General von Doering schon früher das 1 Bataillon 8. Grenadier-Regiments um den Westabhang des rothen Berges durch die zwischen diesem und dem Kreutzberg gelegene Schlucht gegen die Kuppe 341 vorgesandt hatte, succesive das Füsilier-Bataillon Nr. 12, das 3. Jäger-Bataillon und das 2. Bataillon Leib-Regiment Nr. 8 in dieser Richtung vor.

Gleichzeitig sollte das Regiment Nr. 52 zwischen dem Stiringer Walde und der Chaussée vorrücken und dann zu weiter umfassendem Angriffe den Westabhang des Kreutzberges ersteigen, welcher wahrscheinlich von Theilen der Division Bataille stark besetzt war.

Inzwischen hatte sich die 28. Infanterie-Brigade gegen Drahtzug zurückziehen müssen, da General Valazé, mit dem 55. Regiment über den Stiringer Wald vorstoßen läßt.

Zu gleicher Zeit werfen das 3. französische Jäger-Bataillon, welchem sich 1 Bataillon des 76. Regiments anschließt, die Preußen aus dem Gehölze, welches östlich an die Forbacher Straße angrenzt. Doch gelingt es nicht, das das Gehöfte baraque mouton vertheidigende Füsilier-Bataillon Nr. 77 zu belogiren. 12 Geschütze der Corps-Artillerie unterstützen dieselben, so daß die erschöpften preußischen Bataillone sich auf dem Drahtzug repliiren mußten. Im Stiringer Walde jedoch blieben einzelne Compagnien zurück, so daß es bei der ausgezeichneten

Wirkung der auf der Folster Höhe befindlichen Batterien den Franzosen nicht gelang, die Nord-Fusiliere zu erreichen.

General v. Zastrow befahl jedoch dem General v. Woyna, den Stiringer Wald unter allen Umständen zu halten, weßhalb dieser General um 7 Uhr Abends mit dem 1. Bataillon Nr. 53 und den am Drahtzug gesammelten Resten der andern ihm früher unterstellt gewesenen Abtheilungen zur Unterstützung der vom 39. und 77. Regimente im Walde sich haltenden Abtheilungen vorging.

Secundirt von dem 1. und ¾ Füsilier-Bataillon Regiments-Nr. 52, welches, wie bemerkt, zwischen Chaussée und Wald vorzurücken hatte, wurde der Stiringer Wald von Neuem angegriffen und der Feind zurückgedrückt, wobei das letztgenannte Regiment in Verbindung mit dem Füsilier-Bataillon des 77. Regiments verbleibt.

Die preußischen officiellen Berichte sprechen von verschiedenen frontalen Offensivstößen, welche die Franzosen noch auf dem Plateau unternommen, während der Bericht des General Frossard nichts davon erwähnt.

Sie werden daher wohl nur in den Versuchen einzelner kleinerer Abtheilungen bestanden haben. — Nach 7 Uhr machte sich der Angriff des General von Doering geltend.

Um diese Zeit gingen die Bataillone des General Doering gegen die Bergzunge 341 energisch zum Angriffe vor, wo nun das 2. Bataillon des 52. Regiments, sowie die 11. Compagnie Nr. 52 von baraque mouton aus eingriffen.

Die jenseitige Lisière wurde um ½9 Uhr erreicht, doch gelang es nicht den eigentlichen Kamm des Spicherer Plateaus zu erreichen.

Um 9 Uhr zog der General Laveaucoupet seine Division auf den Höhenrücken hinter Spichern zurück und behielt diesen Ort mit Vortruppen besetzt, worauf von beiden Seiten keine Schüsse mehr fielen.

Bei Stiring gelang es nun, bei einbrechender Dunkelheit einzelne Abtheilungen des preußischen 52. Regiments und das 3. Bataillon Füsilier-Regiments Nr. 39 sich in den Etablissements daselbst festzusetzen.

Der deutsche Angriff war nun ganz klar ausgesprochen und machte Fortschritte. Die Hoffnung auf eine Unterstützung durch die Divisionen Bazaines war zu Schanden geworden — Frossard auf sich allein angewiesen, alle seine Kräfte im Gefechte, er selbst von einer Umgehung der 13. Division auf Forbach bedroht.

War zwar auch sein Gefechtszweck nicht erreicht, weil ihm Bazaine nicht die Mittel hiezu bot, so konnte er auch gar nicht mehr erreicht und mußte vielmehr der Entschluß zum Rückzuge gefaßt werden.

Die preußische 28. Brigade, welche auf sich allein angewiesen, von Mittag bis 8 Uhr Abends kämpfte und durch ihre Angriffe einen zweimal überlegenen Gegner festhält, hat das Gefecht mit ebenso großer Geschicklichkeit als Bravour geführt, ihr Zurückweichen gegen Stiring ist ganz natürlich. Ein schöner Beweis von der Leistungsfähigkeit dieser Truppen ist der Umstand, daß sie in so kurzer Zeit wieder gesammelt zu erneuertem Angriffe vorgeführt werden konnten.

Das Verhalten des preußischen linken Flügels ist vollkommen zweckentsprechend.

Nach einem sehr harten Kampfe gelangten die preußischen Abtheilungen in den Besitz des rothen Berges — ihre Abtheilungen, von welchen die Hälfte schon 6 Stunden gekämpft hatte, waren erschüttert, man mußte daher, nach anerkannten tactischen Regeln, sich vorerst festsetzen, den weiteren Stoß aber den eintreffenden Verstärkungen überlassen.

Ein Stoß der Letzteren in der Richtung auf den Kreutzberg war bei der inzwischen eingenommenen französischen Stellung ganz natürlich, weil man in dieser Richtung am wenigsten vom feindlichen Feuer zu leiden hatte und endlich durch einen günstigen Erfolg daselbst eine Trennung der feindlichen Flügel herbeiführen konnte.

Das Vorführen zweier Batterien auf den Plateau-Rand sowie deren todesmuthiges Aushalten kann nicht hervorgehoben werden, da zu einer erfolgreichen Bekämpfung der feindlichen Reserven sowie zur bleibenden Festsetzung auf dem Plateau-Rande Artillerie nöthig war.

Wenn auch die Verwendung der Reiterei, obwohl durch den Boden erlaubt, in dieser Richtung von keinem Vortheile gewesen wäre, weil diese Waffe nur hilflos vom Infanteriefeuer zu leiden gehabt hätte, so würde sie doch, in der Richtung gegen Simbach vorgesandt, durch ihr Auftreten in der Flanke gewirkt haben. Daß es zu keinem weitern Kampfe kam, findet in der hereingebrochenen Dunkelheit und der großen Ermüdung der Truppen seine Erklärung.

Verhältnisse bei Forbach.

Die 13. preuß. Division war, der Disposition des General von Zastrow gemäß, mit ihrer Avantgarde um 2½ Uhr in Völklingen eingetroffen und wurde dahin ebenfalls das Gros der Division von Püttlingen aus in Marsch gesetzt.

Durch das waldige Gebirgsterrain verhindert, den Kanonendonner bei Saarbrücken zu hören, blieb dem General-Lieutenant von Glümer die Thatsache des Gefechtes so lange unbekannt, bis er durch einen Generalstabsofficier, vom Commandanten des VII. Corps abgesandt, Nachmittags 5½ Uhr die nöthigen Nachrichten erhielt. (Diesem Officier folgte um 7 Uhr ein zweiter mit dem Befehl, energisch auf Forbach vorzugehen, als die Division schon im Vormarsche war.)

General-Lieutenant von Glümer ließ nun seine Avantgarde unter General-Major von Goltz (3 Bataillons 55. Regiments, 7. Jäger-Bataillon, 2 Escadrons 8. Husaren-Regiments und 1 Batterie) um 6 Uhr den Vormarsch von Ludweiler über Roßeln nach Forbach antreten.

General Frossard hatte, wie bekannt, alle dort befindlichen Bataillone in die Gefechtslinie vorgezogen und verblieb daselbst nur die Genie-Compagnie des Corps zurück.

Der General fühlte jedoch die Schwäche dieses Punktes und befahl daher dem Oberstlieutenant Dulac des 12. Dragoner-Regiments, auf der Straße über Roßeln und Ludweiler zu eclairiren.

Gegen 8 Uhr Abends kehrte Dulac, von den preußischen Bataillonen zum Abzuge gezwungen, auf Forbach zurück, besetzte mit seinen Dragonern und der Genie-Compagnie das Retranchement am Kaninchen-Berge und eröffnete ein heftiges Feuergefecht.

Ein Detachement einrückender Urlauber, zum 2. Linien-Regimente gehörend, welches eben er Bahn ankam, stellte sich, 200 Mann stark, dem Oberstlieutenant Dulac zur Verfügung.

Durch die von Dulac eingenommene Stellung wurde General von Goltz genöthigt, seine Bataillone zu entwickeln und die Batterie in das Feuer zu setzen.

Der Angriff geschah von dem Korviel-Walde aus, also in der Form einer Tournirung des linken Flügels.

Oberstlieutenant Dulac ließ nun seine Dragoner aufsitzen und ging, um die frontal vorrückenden preußischen Abtheilungen aufzuhalten zur Attaque vor, worauf er sich mit seinem Detachement auf den Bahnhof zurückzog und dort wieder Front machte.

General von Goltz besetzt nunmehr den Kaninchenberg und seine Batterie feuerte auf Forbach.

Das Gros der 13. Division, welches sich zwar bis Lubweiler in Marsch setzte, kam nicht mehr heran und beschränkte sich die Avantgarde auf das Festhalten ihrer Stellung und das Beschießen von Forbach.

„Einzelne Compagnien folgten dem Feinde bis an die Lisière von Forbach, wo der Kampf endete, da der General von Glümer (ebenfalls bei seiner Avantgarde befindlich) bei der eingebrochenen Dunkelheit umsomehr vom weitern Angriffe abstand, als das heranbeorderte Gros noch weit zurück und die Truppen äußerst ermüdet waren."
(v. Schell, Operationen der I. Armee unter General von Steinmetz.)

Wie früher hervorgehoben, so war General Frossard genöthigt, alle disponibeln Truppen in die Gefechtslinie Stiring-Spichern vorzuziehen.

Er mußte dies thun und konnte sich nur auf eine Beobachtung der linken Flanke gegen Lubweiler einlassen, da er auf das Eintreffen der Division Metman, welche, wie wir früher berechneten, schon um 5 Uhr in Forbach eingetroffen sein konnte, hoffen durfte.

Nicht billigen können wir, daß erst spät an eine Vorpussirung einer stärkeren Cavalerie-Abtheilung in Richtung auf Saarlouis gedacht wurde. Dulac konnte den Vormarsch der Avantgarde der 13. Division dann noch länger aufhalten.

Das Verhalten dieses Officiers zeugt von einer großen Kenntniß der Taktik und kann man sein Benehmen als ein Exempel aufstellen.

Ueberhaupt leisteten hier die wenigen Franzosen was nur möglich; daß sie vor der großen Ueberzahl sich zurückzogen, ist natürlich.

Durch ein Mißgeschick kam die 13. Division nicht ganz zur Geltung — es kann ihr aber kein Vorwurf gemacht werden, da in der Tages-Disposition auf die Möglichkeit am 6. zu schlagen nicht reflectirt wurde.

Auch dem Corps-Quartier, welches selbst erst spät von dem eigentlichen Kampfe in Kenntniß gesetzt wurde, kann dies nicht zur Last fallen, vielmehr wäre es Sache der 14. Division, welche ja soviel Cavallerie=Officiere zur Disposition hatte, gewesen, ihre Nachbar=Division gleich und öfters zu benachrichtigen.

Zu einem Eingreifen der ganzen Division war es jetzt um 6 Uhr schon viel zu spät.

Der Angriff der Avantgarde als Tournirung des feindlichen linken Flügels und eine Bedrohung der Rückzugslinie desselben kann als richtig bezeichnet werden, wie denn auch das Abstehen von einem weitern Vorgehen, theils in der eignen Schwäche, theils der Ermüdung der Truppen seinen Grund hat.

Da ihm der Zustand und die Stärke des Gegners nicht bekannt und bei der hereinbrechenden Dunkelheit auch nicht zu erkennen möglich war, mußte sich General von Glümer begnügen, die gewonnene Stellung auf dem Kaninchen=Berge zu halten. Ein Eingreifen des Gros der 13. Division würde unbedingt den linken französischen Flügel in eine Katastrophe verwickelt haben.

Rückzug des II. französischen Armee-Corps.

Gegen 9 Uhr befahl General Frossard, nachdem sein Corps zum Theil durch 10 Stunden tapfer gekämpft und seine Stellung sowohl rechts als auch links rückwärts stark bedroht war, den Generalen Bataille und Bergé das Gefecht abzubrechen und über Oettingen den Rückzug anzutreten.

Bei der hereinbrechenden Dunkelheit gelang dies, wobei auch viele Verwundete mitgenommen wurden, ohne daß der Feind es hinderte.

Sobald sich die Divisionen auf dem Plateau von Oettingen gesammelt hatten, wurde unter dem Schutze einer von der 2. Division auszuscheidenden Arrièregarde der Rückzug auf Saargemünd angetreten.

Um $10^{1}/_{2}$ Uhr erhielt auch General Laveaucoupet den Befehl, weiter zurückzugehen, und vorerst auf dem Plateau von Oettingen und Behren Stellung zu nehmen.

Der ganze Rückzug wurde in Ruhe effectuirt und wurden außer einigen Bagage=Karren und einer Brücken=Equipage, welche jedoch nicht bespannt war, keine Fahrzeuge zurückgelassen.

Von einigen Bataillonen, welche vor dem Gefechte in ihren Lägern die Tornister und Zelte abgelegt, blieben auch diese zurück, da es begreiflicherweise nicht mehr möglich war, diese Sachen abzuholen.

Spät in der Nacht traf General Frossard in Saargemünd ein, wo nur noch die Brigade Lapasset des 5. Corps stand, und telegrafirte an den Major-General nach Metz, daß er sich in Ordnung auf Puttelange zurückziehe.

Gleichzeitig nahm der General die Brigade Lapasset mit.

Gegen ½9 Uhr Abends war preußischerseits auch das Gros der 16. Division in Saarbrücken eingetroffen, wurde jedoch nicht mehr vorgezogen, auch fand gar keine Verfolgung statt und schwieg das Feuer mit Einbruch der Dunkelheit.

Das II. Corps Frossard hatte mit einer Stärke von 28.500 Mann gekämpft.

Preußischerseits war das Gefecht geführt worden: bis 3 Uhr lediglich durch 11 Bataillone und 4 Batterien der 14. Infanterie-Division. Hinzugetreten waren bis 6 Uhr 3 Bataillone und 2 Batterien der 16., sowie 5 Bataillone und 2 Batterien der 5. Infanterie-Division, und von da bis zu Ende des Kampfes weitere 7 Bataillone und 2 Batterien der 5. Infanterie-Division. In Summa waren 27 preuß. Bataillone und 10 Batterien gegen 39 Bataillone und 15 Batterien, darunter 3 Mitrailleur-Batterien wirklich in das Gefecht getreten. Die Verluste bezifferten sich: Bei dem II. französischen Corps auf 249 Officiere und 3829 Mannschaften, bei den Preußen auf 1 General, 120 Officiere und 2717 Mann der I. Armee und 74 Officiere, 1953 Mann der II. Armee, wodurch ein Gesammt-Verlust von 4866 Köpfen entsteht. Die 14. Infst.-Division allein hatte 1 General, 91 Officiere, 2140 Mann verloren.

General Frossard hatte Recht, wenn er den Rückzug antrat. Er sagt:

> „Le corps d'armée, en effet, épuisé par douze heures de lutte, gravement menacé sur sa droite, quoique l'ennemi y eût été contenu, était pris à revers à son extrême gauche; et les troupes qui combattaient encore à Stiring pourraient en entendant la canonade sur Forbach craindre d'être coupées. Quant aux secours, aucune des divisions annoncées du III. corps n'était venu encore...."

Wir können dazu nur beifügen, daß Frossard auch, wenn er nicht bei Forbach vom Feinde in die Flanke gefaßt worden wäre, dennoch an den Rückzug denken mußte. Auf einen Rückzug des Feindes, von welchem er 3 Corps in nächster Nähe wußte, und nachdem er sich selbst von der allmählig wachsenden Angriffskraft desselben überzeugt hatte, war nicht zu hoffen.

Von dem Momente an, als er sich überzeugen mußte, daß Bazaine's Divisionen nicht mehr in den Kampf eingreifen würden, mußte er sich auch in Berücksichtigung der Schwierigkeit seiner Lage, das Gefecht abbrechend, zurückziehen.

Wohin? das ist die Frage! daß General Frossard seine Truppen von Stiring über Oettingen auf das Plateau rücken ließ, mag wohl hauptsächlich seinen Grund in dem Angriffe des General Goltz auf Forbach haben und der französische Corps-Commandant die Route über St. Avold als unsicher gehalten haben; dann wollte er nicht die Verbindung mit seiner 3. Division verlieren.

Endlich sagt der General über seinen Rückzug nach Saargemünd:

„En faisant une retraite latérale, il (général Frossard) démasquait les divisions du III. corps qui pouvaient se trouver en arrière de lui; il retarderait nécessairement ainsi la marche ultérieure de l'ennemi qui rencontrerait sur son front ces divisions et aurait le II. corps sur son flanc gauche."

Wir wollen die *allgemeine* und *theoretische* Richtigkeit dieser Aeußerung nicht in Abrede stellen, finden sie jedoch im concreten Falle nicht anwendbar.

Die Richtung nach Saargemünd war keine gute, weil sie nicht *vom* sondern *zum* Feinde führte; endlich mußte man in ihr ebenfalls die vermeinte Linie des III. Corps durchbrechen fund bei einem Rückzuge auf Metz wieder den bedeutenden Bogen auf Puttelange machen.

Man kann daher mit Recht fragen, warum ging denn der General nicht gleich auf Puttelange zurück.

Bei dem Zustande des Corps, welches so lange schwer und räumlich geschieden gekämpft, finden wir es begreiflich, daß der französische Corps-Commandant sein Corps concentrirt zurückführen will und dies auf dem Plateau thut.

Hier boten sich ihm mehrere parallel-führende Wege gegen Puttelange dar.

Am besten wäre es gewesen, den Marsch in 2 Colonnen auf Puttelange unter Deckung einer Division anzutreten und zwar:

1) von Oettingen über Folkling und Thebing, endlich Farschwiller und Lupershausen;

2) von Behren über Busbach-Diebling auf Farschwiller und den

nächsten Tag über Puttelange, wo eine Arrièregarde zurückbleibt, bis St. Jean-Rohrbach zu rücken.

Endlich muß bemerkt werden, daß, wie man später sehen wird, die Bazaine'schen Divisionen nicht mehr auf dem Calenbronner Plateau standen.

Immerhin befremdet uns der Umstand, daß General Frossard sich vorerst gar nicht um das III. Corps und seinen Armee-Abtheilungs-Commandanten Bazaine kümmert und direct an den Major-General in Metz wendet.

Welche Factoren hier mitwirkten, zu beleuchten, entzieht sich bei dem Mangel an Belegen der objectiven Kritik.

Daß preußischerseits keine Verfolgung statt hatte, ist ganz erklärlich; die Art und Weise wie der Kampf begonnen und zu Ende geführt wurde, ließ eben keine frischen Truppen hiezu disponibel, denn die Reserve (Füs.-Bataillon (Leib-) Regts. Nr. 8 am Fuß des rothen Berges, Füs.-Bat. Regts. Nr. 20 (von St. Wendel per Bahn am Abend eingetroffen) und das 2. Bataillon Regts. Nr. 53 gegen Abend auf dem Schlachtfelde angelangt) war zu ermüdet.

Weitere Betrachtungen über die Maßregeln Bazaines.

Bevor wir zu den Schlußbetrachtungen schreiten, wird es nöthig sein, Einiges über die von Marschall Bazaine getroffenen Anordnungen zu sprechen.

Abgesehen von der zwar durch die Befehle des Kaisers und die eigene Ungewißheit erklärten zuwartenden Haltung des Marschalls Bazaine *) muß man doch zugeben, daß er den Wünschen des General Frossard entsprechend mehr als 3 Infanterie-Divisionen und 1 Cavalerie-Brigade und zwar gleich nach der Bitte des Commandanten des II. Corps vormarschiren ließ.

Als nicht gerechtfertigt müssen wir jedoch bezeichnen, daß Bazaine nachdem er über ¾ seines Corps gegen den Feind in Bewegung setzte und zwei Meilen vorwärts ein ihm unterstelltes Corps in einen Kampf verwickelt ist, nicht selbst das Ober-Commando übernahm und sich nach Forbach begab, oder doch wenigstens, sobald als möglich einen Generalstabs-Officier zu General Frossard vorsandte.

Jedenfalls müssen hier auch moralische und persönliche Factoren bedeutend mitgewirkt haben. Der Kampf kam überhaupt ungelegen,

---

*) Siehe das interessante Buch „Metz, Campagne et Négociations."

denn die Unmöglichkeit der Concentrirung bei Bitsch trat dadurch klar zu Tage.

Andererseits hatte Frossard eigentlich sehr vage Meldungen an Bazaine gesandt und war bis zu der 2. Depesche von 5 Uhr 45 Minuten, welche unter Anderm angibt:
„Je me trouve compromis gravement"
der Meinung, daß er den Kampf ruhig zu Ende führen könne.

Kurz vorher, ja beinahe gleichzeitig meldete er „la lutte .... s'apaise" und bat um ein Regiment, worauf ihm der Marschall Abends ½7 Uhr nachstehendes Telegramm sandte:

St. Avold, 6. heures le soir.

„Je vous envoie un régiment par le chemin de fer. Le général Castagny est en marche vers vous; il reçoit l'ordre de vous joindre. Le général Montaudon a quitté Sarreguemines à 5 heures marchant sur Grossbliederstroff. Le général Melman est à Bening."

„Vous avez dû recevoir la brigade de dragons du général de Juniac"

und um ½9 Uhr Abends:

St. Avold, 8 heures le soir.

„Je vous ai envoyé tout ce que j'ai pu. Je n'ai plus que trois régiments pour garder la position de St. Avold. Définissez-moi bien les positions que vous croirez devoir occuper."

Wie aus beiden Telegrammen hervorgeht, theilt der Marschall dem Commandanten des II. Corps mit, daß, mit Ausnahme von 3 Infanterie-Regimentern und dem Jäger-Bataillon der Division Decaën, endlich der Corps-Artillerie, der 1. und 2. Cavalerie-Brigade alle disponiblen Kräfte dem Schlachtfelde zueilen.

Es mußte also entweder der Marschall die Unwahrheit gesagt haben, oder aber waren die Divisionen theils in Folge der ungenauen Dispositionen, theils durch die Schuld ihrer Commandanten oder anderer Zwischenfälle an dem rechtzeitigen Eingreifen gehindert worden.

Hierüber theilt General Frossard in seinem rapport sur les opérations du deuxième corps der l'armée du Rhin mit:

1) Die Division Montauban vernahm nach ihrem „Journal des marches" gegen Mittag das Geschützfeuer in der Richtung von Saarbrücken und erhielt um 3 Uhr in Entsprechung des Telegramms

dd. Forbach 2 Uhr 30 Minuten vom Marschall Bazaine den Befehl, sich auf Groß-Blittersdorf zur Unterstützung des rechten Flügels des II. Corps zu dirigiren.

Nachdem die Division um 5 Uhr Nachmittags abmarschirt, traf sie um 7 Uhr auf der Höhe von Nuhling ein und nahm Stellung auf dem Plateau von Calenbronne, wo sich ein Generalstabs-Officier des II. Corps bei dem General Montaubon einfand.

Durch diesen Officier ließ der General dem Corps-Commandanten melden, daß er sich den nächsten Tag zu seiner Disposition stelle.

Der Officier, welcher auf seinem Rückweg nicht mehr nach Forbach kam, traf um Mitternacht wieder bei Montaubon ein und meldete ihm, daß das II. Corps auf Saargemünd zurückgehe, worauf die Division sich augenblicklich nach Puttelange zurückzog.

Wenn auch der Marschall, wie schon früher bemerkt, etwas spät der Division den Befehl zum Vormarsche zuschickte, so scheint doch die Hauptschuld der Unthätigkeit dieser Division an ihr selbst zu liegen, da der Kanonendonner schon um 11 Uhr Vormittags gehört und trotz alledem nicht einmal die Division concentrirt wird, um im Falle eines Befehles, oder aber der ausgesprochenen Nothwendigkeit, so rasch als möglich aufbrechen zu können.

Endlich unterläßt dieselbe durch Generalstabs-Officiere und Patrouillen Nachrichten über den Kampf einzuziehen, was uns, sowie das ganze Verhalten im Vergleiche zu dem 1. Telegramm Bazaine's — wonach gerade diese Division einen feindlichen Angriff für bevorstehend hielt, wundert, obwohl vielleicht die Furcht von Homburg her bedroht werden zu können, einige Unschlüssigkeiten hervorrufen konnte.

Nachmittags 3 Uhr trifft der Befehl Bazaine's zum Vormarsch auf Groß-Blittersdorf ein und trotzdem wird erst um 5 Uhr aufgebrochen und nach Calenbronne marschirt, dort angekommen, scheint es um 7 Uhr Abends zu spät in das Gefecht einzugreifen.

Bei einem solchen Verhalten geräth der Kritiker in eine unangenehme Lage!

Sobald der Donner der Geschütze in der Richtung von Saarbrücken gehört wurde, mußten, da 5 Escadrons dort disponibel waren sogleich Patrouillen vorgetrieben werden, um die nöthigen Nachrichten einzuziehen, welche vor 2 Uhr einlaufen konnten.

Inzwischen, nachdem der Kanonendonner stärker geworden, muß

der General seine Division in Marschbereitschaft setzen, so daß er um ½3 Uhr abmarschiren konnte.

Es ist dies so selbstverständlich, daß Alles keines Befehls von Bazaine bedurfte und genügte die nachträgliche Meldung an den Corps=Commandanten.

Den Marsch selbst tritt die Division in zwei Colonnen an und zwar 1 Infanterie=Brigade auf der Straße längs dem linken Saar= Ufer nach Großblittersdorf, 1 Infanterie=Brigade über Ruhling auf Lixingen, wohin auch die Artillerie folgt. Eine Detachirung auf das rechte Ufer der Saar war von dem Divisionär, da ihm die Verhält= nisse des Gegners völlig unbekannt waren, nicht zu verlangen. Endlich muß es uns sehr befremden, wenn die Division erst um 7 Uhr auf dem Ruhlinger Plateau ankommt, was doch nicht 1 Meile von Saargemünd entfernt ist.

Gleichzeitig mußte ein Generalstabs=Officier zu General Frossard vorausgesendet werden, um diesem General den eigenen Anmarsch zu melden, und dessen Dispositionen sich zu erbitten.

Die Tèten konnten nach 6 Uhr in der Linie Lixing - Groß= Blittersdorf eintreffen.

Hatte man bis dahin noch keinen Befehl vom II. Corps=Commando, dann mußte auf Simbach und Alsting der Marsch fortgesetzt werden

Aber nicht ganz eine Meile von einem Schlachtfelde mit zusam= mengesetzten Gewehren stehen bleiben, das ist unbegreiflich!

Eigenthümlich muß es uns berühren, daß Angesichts des heftig ausbrennenden Kampfes und trotz der Aufforderung zum Eingreifen General v. Montaudon dem General Frossard melden ließ, qu'il se mettait à sa disposition pour le lendemain.

Wem fällt da nicht unser deutsches Sprichwort ein:

„Morgen, Morgen nur nicht heute!" Doch dürfte vielleicht der Sachverhalt ein anderer gewesen und die Division durch vorangegan= gene Märsche angestrengt gewesen sein.

2) Die Division Castagny trat über Befehl des Marschalls Ba= zaine um 1 Uhr den Vormarsch an.

Nachdem die Division 5—6 Kilometer und zwar in Direction stark rechts — der Saar zu — zurückgelegt hatte und natürlich im wal= digen Berglande kein Geschützfeuer mehr hörte, so führte sie General Castagny wieder nach Puttelange zurück, wo er zwischen 4 und 5 Uhr in seinem Lager eintraf und von Neuem den Donner der Geschütze vernahm.

Der General ließ daher um 6 Uhr wieder seine Division antreten und marschirte diesmal direct auf Forbach los.

Abends traf ihn ein erneuerter Befehl Bazaines, worauf die Division ihren Marsch mit der Avantgarde bis Forbach fortsetzte und um 9 Uhr mit dem Gros hinter Follling eintraf, wo sie den Rückzug des II. Corps nach Saargemünd erfuhr, sogleich umkehrte und nach Puttelange rückte.

Auch die Führung dieser Division scheint nach der Darstellung Frossards viel zu wünschen übrig zu lassen.

Anfangs faßt man den Entschluß dem Kanonendonner entgegen zu marschiren, versäumt aber sich gut zu orientiren und kehrt, da man kein Geschützfeuer mehr hört, nach Zurücklegung eines Drittels des Weges wieder in das Lager zurück, um von Neuem dem Geschützfeuer nachzumarschiren.

Es fehlt ebenfalls hier die Aussendung von Officieren, um sich von der Sachlage zu unterrichten und kann man hier nur die Mannschaften bedauern, welche eine hübsche aber ganz unnütze Marsch-Uebung vollführen mußten.

3) Die Division Metman bricht über Befehl des Marschalls um 12¹/₂ Uhr Mittags von Marienthal nach Bening auf, wo sie um 3 Uhr eintrifft.

Die Division hört den Kanonendonner und bleibt stehen, „elle entend et attend".

Um 7 Uhr erhielt der Divisionär vom General Frossard das bekannte Telegramm:

„Si le général Metman est encore à Bening qu'il parte de suite pour Forbach",

worauf sich der General in Marsch setzte, um nach 9 Uhr in Forbach einzutreffen, von wo er, den Rückzug Frossards gegen Saargemünd erfahrend, sich ebenfalls in dieser Richtung zurückzieht.

Der Zeitverlust zwischen ¹/₂5 und 6 Uhr ist ebenfalls nicht zu entschuldigen, sowie es auch auffallen muß, daß, wie General Frossard ausdrücklich bemerkt, diese Division trotzdem der letztere ihr schon sehr nahe war, sich nicht im Geringsten mit dem Commandanten des I. Corps in Verbindung setze.

4) Das von St. Avold per Bahn vorgesandte Regiment kam

erſt vor Forbach an, als der Bahnhof daſelbſt ſchon vom Feinde be=
droht war und mußte zurück nach St. Avold.

Ueber die Brigade Juniac wurde ſchon früher geſprochen.

Wie wir nun hier geſehen, ſo kam größtentheils durch die Schuld
der Unterführer die Abſicht des Marſchalls Bazaine nicht zur Geltung,
allein er trägt auch einen Theil mit.

Sobald ihm, als Armee=Commandanten, ein heftiges Engagement
bei Saarbrücken angezeigt war, mußte er, wie ſchon früher bemerkt, ſo=
gleich ſeine Truppen vordisponiren und dann aber ſich ſelbſt auf
das Schlachtfeld begeben.

Hätte er dies gethan und ſeinen Diviſionären mitgetheilt, ſo
würden dieſelben ſich wohl ſicher in Verbindung mit ihm geſetzt haben
und wären dieſelben in Verwendung gekommen, worauf dann wohl
andere Reſultate erreicht werden konnten.

Andererſeits, wenn man nur anerkennen muß, daß General
Froſſard ſich ſehr angelegen ſein ließ, von Marſchall Bazaine Ver=
ſtärkungen an ſich zu ziehen, darf man nicht unbeachtet laſſen, daß er aber
einerſeits ebenfalls mehrere Officiere zum Aufſuchen der einzelnen Divi=
ſionen (wie dies bezüglich Montauban früher bemerkt wurde) abſenden
mußte. Man muß ſich eben gegenſeitig aushelfen und unterſtützen.

Schlußbetrachtung.

A. Franzöſiſcherſeits.

Es iſt immer ſchwierig, geſtützt auf einſeitige Quellen, ſein Urtheil
abgeben zu müſſen; auch in dem vorliegenden Falle bringt uns die
jetzt herantretende Nothwendigkeit, ein klares Bild der franzöſiſchen
Gefechtsleitung in dem Kampfe von Forbach=Spichern zu entwerfen,
in einige Verlegenheit.

Die nunmehr beendete Darſtellung der Schlacht baſirt auf einer
unparteiiſchen Benützung ſowohl deutſcher als franzöſiſcher Quellen,
von welch' letzteren eine der ſo vielfach citirte Rapport des Generals
Froſſard iſt.

Man ſollte nun glauben, baſirt auf dieſe Werke ein gerechtes
Urtheil abgeben zu können — da tritt uns aber einer der größten
Uebelſtände — das Mißtrauen in die Aechtheit der Quelle ſelbſt —
entgegen und zwingt zur größten Zurückhaltung.

Die Angaben des Marschalls Bazaine, Generals Frossard, Fay und des Verfassers von „Metz, Campagne et Négociations" widersprechen sich zu sehr.

Hält man nun noch die deutschen Berichte dagegen, so muß man, von einem vorurtheilsfreien, ruhigen Standpunkte das Ganze überprüfend, so Manches aus dem Rapporte des Generals Frossard als nicht richtig bezeichnen und von der authentischen Geschichtsschreibung nähere Aufschlüsse erwarten. Es hindert uns dies jedoch keineswegs, offen anzuerkennen, daß, wenn wir bei den Betrachtungen über Weißenburg und Wörth genöthigt waren, die französische Führung eines großen Mangels an Vor- und Umsicht zu zeihen, uns im Gegensatze hiezu das Bild der Gefechtsführung des II. Corps um so erfreulicher entgegentritt, als man französischerseits mit großer Ruhe und Zähigkeit die eingenommene Stellung vertheidigte.

Doch vermissen wir im Großen die vom ersten Augenblicke an sich des Zweckes bewußte Leitung, welche, je nach den eintretenden Umständen die ursprünglichen Ideen modificirend, denselben zu einem günstigen Resultate zu führen weiß.

Wohl sehen wir die einzelnen Divisionen alle erforderlichen Anstalten treffen, um ihre Aufstellungen zu halten — nirgends jedoch den aus klarer Sicherheit hervorgehenden Entschluß eines kühnen kräftigen Vorgehens — da — wie es uns wenigstens scheint — die einheitliche Leitung mangelt.

Man würde sich jedoch einer Ungerechtigkeit schuldig machen, wollte man die moralischen Factoren, sowie die im Eingange erwähnten Verhältnisse der französischen Armee nicht berücksichtigen. Die spätere Geschichtschreibung dürfte uns gewiß interessante Aufschlüsse hierüber bringen.

Der Marschall Bazaine, welcher nur Halbes that und anordnete, mag wohl durch das schon einmal (bei der Betrachtung über die Schlacht bei Wörth) erwähnte Telegramm des Major-Generals, wodurch eine Rockirung nach Bitsch anbefohlen war, dazu veranlaßt worden sein.

Die Situation bei Forbach war klar, es galt nur den Entschluß zu fassen — ob man den Kampf mit den Preußen annehmen oder aber die Bewegung nach Bitsch antreten wollte.

Im ersten Falle waren alle disponiblen Kräfte in die Gefechtslinie zu werfen, im zweiten Falle General Frossard durch einen bestimmten Befehl anzuweisen, einem Gefechte auszuweichen und auf Saargemünd abzurücken.

So ließ man aber eben die Sache gehen — wie es kam. —

Immerhin zeichnet sich das Gefecht des II. Corps gegenüber Wörth durch Ruhe und eine zweckmäßige Gruppirung der Streitkräfte aus.

Wir haben schon früher Gelegenheit gehabt, die im Allgemeinen ganz gute Vertheilung der Waffen hervorzuheben, so wie auf die geschickte Benützung der Oertlichkeiten hinzuweisen.

Die französische Infanterie ficht in denselben Formen, wie wir sie bei Besprechung von Weißenburg und Wörth kennen gelernt, doch gestatten die örtlichen Verhältnisse und die Disposition der Divisionäre eine rationelle Verwendung der Waffe. Leider fehlen über den Angriff des General Bataille bei Stiring die nöthigen Details, um über die niedere Taktik der dort verwendeten Bataillone Schlüsse ziehen zu können.

Die Verwendung der Cavalerie zeigt jedoch wenig Verständniß für die Aufgabe dieser Waffe.

Weitgreifende Recognoscirungen liegen ihr ferne, sie begnügt sich mit der Ausstellung von grandes gardes und räumt vor den Escadrons der 5. und 6. preußischen Cavalerie=Division das Feld, so daß der französische Corps=Commandant über die gegnerischen Kräfte nicht genügend instruirt ist.

Die Schuld hieran mag sowohl an den mangelhaften Dispositionen des Corps=Commandanten als der Waffe selbst liegen.

Die neuesten Publicationen französischer Reiterofficiere zeigen ganz deutlich, wie weit ihre Waffe gegenüber den anderer Heere noch zurück ist.

Damit soll jedoch keineswegs gesagt werden, daß es nicht in den Reihen der französischen Cavalerie Officiere gebe, welche das Wesen ihrer Waffe erfaßt und richtig zum Ausdruck gebracht hätten.

Mit vielem Geschicke werden Reiter im Feuergefechte zu Fuß zum Aufhalten des Feindes verwendet und verdient das Benehmen des Oberstlieutenant Dulac in der Kriegsgeschichte aufgezeichnet zu bleiben.

Immerhin zeigt sich jedoch der Mangel eines geschickten Eingreifens der Cavalerie in das Gefecht.

Die Artillerie trat beinahe vollständig und mit den verschiedensten Calibern in das Gefecht — doch vermissen wir auch bei ihr die einheitliche Leitung.

Nach der Beschaffenheit der Aufstellung wären nämlich unserer Ansicht nach einige Modificationen in der Zutheilung dieser Waffe nothwendig gewesen. So wären die Mitrailleur-Batterien der Divisionen Bataille und Laveaucoupet zu vereinigen und à cheval der Forbacher Straße bei bremme d'or aufzustellen gewesen. Das Schußfeld der Artillerie war bei der großen Waldbedeckung ohnehin ein beschränktes.

Es galt daher einestheils mit der Artillerie in das Vorfeld gegen das Debouchée von Saarbrücken zu wirken, mit dem andern in die Oertlichkeitsgefechte einzugreifen.

Dazu war es nothwendig, der Division Vergé ihre gesammte Artillerie zu belassen, da sie dieselbe theils zur Bestreichung der Eisenbahn, theils der Forbach-Saarbrücker Straße benöthigte. Die Division Laveaucoupet konnte bei der Beschaffenheit ihrer Stellung nur in das Vorfeld wirken, für die ersten Phasen der Vertheidigung konnte sie die Mitrailleur-Batterie entbehren, mußte jedoch zur kräftigen Beschießung des Debouchées und der feindlichen Artillerie mit schweren Geschütz verstärkt werden. Ihr wären daher die 2 12Pfünder Batterien zuzutheilen gewesen.

Die übrigen 4 Batterien der Corps-Artillerie waren dann theils neben den Mitrailleur-Batterien im Raume bremme d'or-Stiring ins Feuer zu setzen, theils je nach dem Bedürfnisse den verschiedenen Divisionen zuzuweisen.

Die Verwendung der Genietruppen zur Verstärkung der Stellungen am rothen Berg und bei Forbach (Kaninchen-Berg), sowie ihre Theilnahme an der Vertheidigung dieser Objecte entspricht den Anforderungen der Kriegskunst.

Welche Vertheidigungs-Arbeiten, von der Genie-Compagnie der 1. Division (Vergé) bei Stiring vorgenommen wurden, ist uns nicht bekannt. —

Entgegen den andern schon besprochenen Kämpfen lassen hier die Franzosen keine Trophäen zurück und kann das II. französische Corps immerhin mit Stolz auf seine Leistungen am 6. August zurückblicken.

B. Teutscherseits.

Wie bei Wörth, so entsteht auch bei Spichern der Kampf durch die Initiative eines Unterführers und wohlthuend weht uns ein frischer, kecker Hauch entgegen.

Es ist derselbe Geist, den wir den ganzen Feldzug wiederfinden, an der Mosel, der Maas, Seine, Loire und der Hallue, auf den schneebedeckten Feldern von Montbéliard-Frahier und endlich in den eisbedeckten Bergen des Jura's.

Um so bemerkenswerther ist aber dieser Geist, als er sich gleich zu Beginn der Action zeigte und bei Gelegenheiten zu Tage trat, wo, wie bei Spichern, Andere vor dem Suchen einer Entscheidung gezaudert hätten.

Wenn auch, wie schon Eingangs bemerkt, der Angriff der 14. preußischen Division vermieden werden konnte und den Intentionen der deutschen Heeresleitung nicht entsprach, so müssen wir doch die Entschlußfähigkeit ihres Commandanten hochstellen.

Noch mehr verdient aber die energische Unterstützung, die ihm von allen in der Nähe befindlichen preußischen Generalen ward, hervorgehoben zu werden.

Richtiges Verständniß, gepaart mit großem Pflichtgefühle, sind die Grundlage, aus welchen sich die Entschlüsse aufbauten und es tritt dies um so greller hervor, als französischerseits die möglichen und zum Theile anbefohlenen Verstärkungen vollkommen ausbleiben.

Wie die Kämpfe von Weißenburg und Wörth, so ist auch bei Spichern aus einem Rencontre das Gefecht entstanden, doch tritt hier gegenüber den andern Gefechten der Unterschied hervor, daß die Streitkräfte des kühnen Angreifers ursprünglich bedeutend schwächer und erst gegen Schluß des Gefechtes ungefähr den Gefechtsstand des Vertheidigers erreichten, während in den Kämpfen im Elsaß sich bald deutscherseits die numerische Ueberlegenheit fühlbar machte.

Ganz aus der Art und Weise des Beginns der Action und der Lage der Streitkräfte abzuleiten ist auch die in diesem Gefechte beinahe als Regel stattfindende Vermischung der einzelnen Truppenkörper und Heeres-Abtheilungen.

Dies zeigt sich nicht allein im Großen durch Auftreten von ge**schlossenen** Truppenkörpern verschiedener Divisionen und Armee-

Corps nebeneinander, sondern durch das Abirren und selbstständige oder wie man es auch nennen kann, eigenmächtige Auftreten von Unter-Abtheilungen.

Es ist natürlich nur die Infanterie, welche in dieser Art kämpft und muß die erste Art der Untermischung der ordre de bataille als eine naturgemäße bezeichnet werden. So lange die Truppenkörper geschlossen und absichtlich, also befohlenermaßen in die Gefechtslinie eindoubliren, so kann darin kein Nachtheil für die Gefechtsführung gefunden werden, nur das eigenmächtige Abirren, das „Kriegführen auf eigene Faust" muß strenge getadelt werden.

Der Truppenführer rechnet auf Einheiten und wenn er dann bei günstiger Gelegenheit ihr Gewicht in die Waagschaale werfen will, sind sie ihm entwichen und der Gefechtszweck kann nicht erreicht werden.

Es wäre sicher eine Unrichtigkeit, wenn man aus dem glücklichen Erfolge bei Spichern als Regel „das Kriegführen der Unter-Abtheilungen auf eigene Faust" ableiten und als Arkanum hinstellen wollte.

Wir wollen da nur auf das Gefecht der 28. Infanterie-Brigade bei Stiring aufmerksam machen und glauben nicht zu viel zu sagen, wenn wir behaupten, daß, wenn es der Brigade gelungen wäre um 5 Uhr Stiring zu nehmen, sie es auch dauernd behauptet hätte.

Die Wegnahme von Stiring, in der Richtung Forbach, hätte auf den ganzen Kampf einen bedeutenden Einfluß geübt. (Siehe Bemerkungen über Angriffs-Richtung der 14. Inf.-Division.)

Ueber die Stürme auf den „rothen Berg" fehlen leider die Details, doch scheint wenig Schützen-Anlauf und sehr viel geschlossenes Anstürmen stattgefunden zu haben.

Nächst der Infanterie hatte die Artillerie in dem Gefechte eine hervorragende Rolle.

Anfangs schwach mußte die preußische Artillerie zusammengehalten werden, um theils gegen das Haupt-Angriffs-Object zu wirken, theils die Lücke im Centrum auszufüllen.

Erst als allmälig die Verstärkungen eintrafen, konnte an eine Verwendung der Artillerie bei den einzelnen Angriffs-Abtheilungen gedacht werden, wenn auch die 28. Infanterie-Brigade nicht mit Geschützen betheilt wurde, weil diese im Centrum und auf der Folster Höhe der französischen Artillerie gegenüber nöthiger waren.

Das Vorgehen der beiden dritten Batterien des 3. Feld-Art. Regts. auf die Höhe von Spichern war getragen von dem Gedanken kühner Offensive und dem richtigen Verständniß der gegenseitigen Waffen-Unterstützung.

Die Reiterei kam hauptsächlich nur zum Sicherheits- und Nachrichtendienst in Verwendung, ihre Meldungen lassen die Meinung von dem Abziehen des II. franz. Corps entstehen.

Während des eigentlichen Kampfes konnte sie zu keiner Action kommen und in der späten Abendstunde, als der Feind den Rückzug antrat, werden es wohl, abgesehen von dem immerhin strammen Eindruck, welchen der Gegner hinterlassen, hauptsächlich die Rücksicht auf die Dunkelheit und der Umstand, daß die Abtheilungen ca. 14 Stunden im Sattel waren, gewesen sein, welche von einer scharfen Verfolgung abrieth.

Pionniere kamen unseres Wissens nicht in Verwendung.

Ordres de bataille.

Ordre de bataille der I. deutschen Armee (excl. I. Armee-Corps und 1. Cavallerie-Division).

Oberbefehlshaber: General der Infanterie von Steinmetz.
Chef des Stabes: General-Major von Sperling.
Ober-Quartiermeister: Oberst Graf von Wartensleben.
Commandeur der Artillerie: General-Lieutenant Schwarz.
Commandeur der Pioniere: General-Major Biehler.

Armee-Corps	Divisionen	Brigaden	Truppenkörper	formiren				Anmerkung
				Bataillone	Compagnien	Escadronen	Batterien	
VII. königl. preußisches Armee-Corps. General der Infanterie v. Zastrow. Chef des Generalstabes: Oberst v. Unger	13. Infanterie-Div. General-Lieutenant von Glümer. Generalstab: Major von Werber	25. Infanterie-Brig. GM. v. d. Osten genannt Sacken	1. Westphälisches Inft.-Regiment Nr. 13	3	.	.	.	
			Hannoversches Füsilier-Regiment Nr. 73	3	.	.	.	
		26. Infanterie-Brig. GM. Freiherr v. d. Goltz	2. Westphälisches Inft.-Regiment Nr. 14	3	.	.	.	
			6. Westphälisches Inft.-Regiment Nr. 55	3	.	.	.	
			Westphälisches Jägerbataillon Nr. 7	1	.	.	.	
			1. Westphälisches Husaren-Regiment Nr. 8	.	.	4	.	
			3. Fuß-Abtheilung Westph. Feld-Art.-Regts. Nr. 7	.	.	.	4	
			Summe der 13. Infanterie-Division	13	.	4	4	
	14. Infanterie-Div. General-Lieutenant von Kameke. Generalstab: Major Freiherr v. Pilgers	27. Infanterie-Brig. GM. v. François	Niederrheinisches Füsilier-Regiment Nr. 39	3	.	.	.	
			1. Hannoversches Infanterie-Reg. Nr. 74	3	.	.	.	
		28. Infanterie-Brig. GM. v. Woyna	5. Westphälisches Infanterie-Reg. Nr. 53	3	.	.	.	
			7. Westphälisches Infanterie-Reg. Nr. 77	3	.	.	.	
			Hannoversches Husaren-Regiment Nr. 15	.	.	4	.	
			1. Fuß-Abtheilung Westphälischen Feld-Art.-Regts. Nr. 7	.	.	.	4	
			Summe der 14. Infanterie-Division	12	.	4	4	
		Außerdem	2. Fuß-Abtheilung und 2 reitende Batterien Feld-Artl.-Regts. Nr. 7	.	.	.	6	
			Westphälisches Pionnier-Bataillon Nr. 7	.	3	.	.	
			Westphälisches Train-Bataillon Nr. 7	.	.	.	.	
			Summe des VII. Armee-Corps	25	3	8	14	

VIII. königl. preußisches Armee-Corps
General der Infanterie v. Goeben
Chef des Generalstabes: Oberst v. Witzendorf

15. Infanterie-Div. General-Lieutenant von Weltzien Generalstab: Major Lenke.	29. Infanterie-Brig. GM. v. Wedell	Ostpreuß. Füsilier-Regiment Nr. 33	3	·	·
		7. Brandenburgisches Infanterie-Reg. Nr. 60	3	·	·
	30. Infanterie-Brig. GM. v. Strubberg.	2. Rheinisches Infanterie-Regiment Nr. 28	3	·	·
		4. Magdeburgisches Infanterie-Regiment Nr. 67	3	·	·
		Rheinisches Jäger-Bataillon Nr. 8	1	·	·
		Königs-Husaren-Regiment (1. Rhein.) Nr. 7	·	4	·
		1. Fuß-Abtheilung Rhein. Feld-Artill.-Regiments Nr. 8.	·	·	4
Summe der 15. Infanterie-Division			13	4	4
16. Infanterie-Div. General-Lieutenant Freiherr v. Barnekow Generalstab: Hauptmann Hassel.	31. Infanterie-Brig. GM. Graf Reithardt v. Gneisenau.	8. Rheinisches Infanterie-Regiment Nr. 29	3	·	·
		7. Rheinisches Infanterie-Regiment Nr. 69	3	·	·
	32. Infanterie-Brig. Oberst v. Rex	Hohenzoller'sches Füsilier-Regiment Nr. 40	3	·	·
		4. Thüringisches Infanterie-Reg. Nr. 72	3	·	·
		2. Rheinisches Husaren-Regiment Nr. 9	·	4	·
		3. Fuß-Abtheilung Rhein. Feld-Art.-Regts. Nr. 8.	·	·	4
Summe der 16. Infanterie-Division			12	4	4
Außerdem		2. Fuß- und reitende Abtheilung Rhein. Feld-Art.-Regts. Nr. 8	·	·	7
		Rhein. Pionnier-Bataillon Nr. 8	·	3	·
		Rhein. Train-Bataillon Nr. 8	·	·	·
Summe des VIII. Armee-Corps			25	8	15
3. Cavallerie-Div. General-Lieutenant Gf. v. d. Groeben Generalstab: Hptm. Gf. Wedel	6. Cavallerie-Brig. GM. v. Mirus	Rheinisches Küraffier-Regiment Nr. 8	·	4	·
		Rheinisches Ulanen-Regiment Nr. 7	·	4	·
	7. Cavallerie-Brig. GM. Gf. zu Dohna	Westphälisches Ulanen-Regiment Nr. 5	·	4	·
		Hannover'sches Ulanen-Regiment Nr. 14	·	4	·
		1. reitende Batterie Westph. Feld-Art.-Regts. Nr. 7	·	·	1
Summe der 3. Cavallerie-Division			·	16	1

Ordre de bataille derjenigen Heereskörper der II. deutschen Armee, von welchen Theile in der Schlacht bei Spichern in Verwendung kamen.

Armee-Corps	Divisionen	Brigaden	Truppenkörper	Bataillone	Compagnien	Escadronen	Batterien	Anmerkung
III. königl. preußisches Armee-Corps General-Lieutenant v. Alvensleben II. Chef des Generalstabes: Oberst v. Voigts-Rhetz	5. Infanterie-Div. General-Lieutenant v. Stülpnagel Generalstab: Major v. Lewinski II.	9. Infanterie-Brig. GM. v. Doering	Leib-Gren.-Reg. (1. Brandenbg.) Nr. 8	3	.	.	.	
			5. Brandenburgisches Infanterie-Reg. Nr. 48	3	.	.	.	
		10. Infanterie-Brig. GM. v. Schwerin	2. Brandenburgisches Grenadier-Reg. Nr. 12	3	.	.	.	
			6. Brandenburgisches Infanterie-Reg. Nr. 52	3	.	.	.	
			Brandenburgisches Jäger-Bataillon Nr. 3	1	.	.	.	
			2. Brandenburgisches Drag.-Reg. Nr. 12	.	.	4	.	
			1. Fuß-Abth. Brand. Feld.-Art.-Regts. Nr. 3	.	.	.	4	
			Summe der 5. Infanterie-Division	13	.	4	4	
	6. Infanterie-Div. General-Lieutenant H. v. Buddenbrod Generalstab: Major v. Geißler	11. Infanterie-Brig. GM. v. Rothmaler	3. Brandenburgisches Infanterie-Reg. Nr. 20	3	.	.	.	
			Brandenburgisches Füsilier-Reg. Nr. 35	3	.	.	.	
		12. Infanterie-Brig. Oberst v. Bismarck	4. Brandenburgisches Infanterie-Reg. Nr. 24	3	.	.	.	
			8. Brandenburgisches Infanterie-Reg. Nr. 64	3	.	.	.	
			1. Brandenburgisches Dragoner-Reg. Nr. 2	.	.	4	.	
			8. Fuß-Abtheilung Brandenb. Feld-Art.-Regts. Nr. 3	.	.	.	4	
			Summe der 6. Infanterie-Division	12	.	4	4	
	Außerdem		2. Fuß-Roth. und 2 reit. Batterien des Brandenburgischen Feld-Art.-Regts. Nr. 3	.	.	.	6	
			Brandenburgisches Pionnier-Bataillon Nr. 3	.	8	.	.	
			Brandenburgisches Train-Bataillon Nr. 3	.	.	.	.	
			Summe des III. Armee-Corps	25	8	8	14	

5. Cavallerie-Div. General-Lieutenant Hr. v. Rheinbaben Generalstab: Rittm. v. Heister	11. Cavallerie-Brig. Oberst v. Barby	Westphälisches Kürassier-Regiment Nr. 4	4	.
		1. Hannover'sches Ulanen-Reg. Nr. 13	4	.
		Oldenburgisches Dragoner-Reg. Nr. 19	4	.
	12. Cavallerie-Brig. GM. v. Bredow	Magdeburgisches Kürassier-Regiment Nr. 7	4	.
		Altmärkisches Ulanen-Regiment Nr. 16	4	.
		Schleswig-Holstein. Dragoner-Reg. Nr. 13	4	.
	13. Cavallerie-Brig. GM. v. Redern	Magdeburgisches Husaren-Regiment Nr. 10	4	.
		2. Westphälisches Husaren-Regiment Nr. 11	4	.
		Braunschweigisches Husaren-Reg. Nr. 17	4	.
		1 reitende Batterie Magdeburg. Feld-Art. Regiments Nr. 4	.	1
		1 reitende Batterie Hannov. Feld-Art. Regiments Nr. 10	.	1
Summe der 5. Cavallerie-Division			36	2

Ordre de bataille der französischen Streitkräfte, welche am 6. August 1870 in der Linie Bonlay—St. Avold—Saargemünd standen und mit Ausnahme der Brigade mixte Lapasset dem Marschall Bazaine unterstellt waren.

Armee-Corps	Divisionen	Brigaden	Truppenkörper	Bataillone	Compagnien	Escadronen	Batterien	Anmerkung
II. kaiserlich französisches Armee-Corps Divisions-General: Frossard Chef des Generalstabes: Brigade-General Saget	1. Div.: Divisions-General Bergé Generalstabs-Chef Oberst Andrieu	1. Brigade: Brigade-General Letellier-Valazé	3. Jäger-Bataillon	1	.	.	.	
			32. Linien-Infanterie-Regiment	3	.	.	.	
			55. Linien-Infanterie-Regiment	3	.	.	.	
		2. Brigade: Brigade-General Jolivet	76. Linien-Infanterie-Regiment	3	.	.	.	
			77. Linien-Infanterie-Regiment	3	.	.	.	
			Divisions-Artillerie (v. 5. Art.-Reg.)	.	.	.	3	
			Sappeur-Compagnie (v. 2. Gen.-Reg.)	.	1	.	.	
			Summe der 1. Division	13	1	.	3*)	*) Darunter 1 Mitrailleur-Batterie
	2. Div.: Divisions-General Bataille Generalstabs-Chef Oberstlt. Lohlet	1. Brigade: Brigade-General Pouget*)	12. Jäger-Bataillon	1	.	.	.	*) Später General Wangia
			8. Linien-Infanterie-Regiment	3	.	.	.	
			23. Linien-Infanterie-Regiment	3	.	.	.	
		2. Brigade: Brigade-General Fauvart-Bastoul	66. Linien-Infanterie-Regiment	3	.	.	.	
			67. Linien-Infanterie-Regiment	3	.	.	.	
			Divisions-Artillerie (v. 5. Art.-Reg.)	.	.	.	3	
			Sappeur-Compagnie (v. 3. Gen.-Reg.)	.	1	.	.	
			Summe der 2. Division	13	1	.	3*)	*) Darunter 1 Mitrailleur-Batterie
	3. Div.: Divisions-General Laveau-coupet Generalstabs-Chef Oberstlt. Villot	1. Brigade: Brigade-General Doens	10. Jäger-Bataillon	1	.	.	.	
			2. Linien-Infanterie-Regiment	3	.	.	.	
			63. Linien-Infanterie-Regiment	3	.	.	.	
		2. Brigade: Brigade-General Micheler	24. Linien-Infanterie-Regiment	3	.	.	.	
			40. Linien-Infanterie-Regiment	3	.	.	.	
			Divisions-Artillerie (v. 15. Art.-Reg.)	.	.	.	3	
			Sappeur-Compagnie (v. 3. Gen.-Reg.)	.	1	.	.	
			Summe der 3. Division	13	1	.	3*)	*) Darunter 1 Mitrailleur-Batterie

II. kaiserl. franz. Armee-Corps — Mit im Vorgefechte gewesen	Cavallerie-Division: Divisions-General Warmier*) Generalstabs-Chef: Oberstlt. de Cools	1. Brigade: Brigade-General de Balabrègue	4. Chasseurs-Regiment	.	.	4	*) General Warmier trat von Mügier anfangend nicht mehr ein, die Division wurde durch Genbe Balabrègue commandirt.
			5. Chasseurs-Regiment	.	.	4	
		2. Brigade: Brigade-General Bachelier	7. Dragoner-Regiment	.	.	4	
			12. Dragoner-Regiment	.	.	4	
		Summe der Cavallerie-Division	.	.	.	16	
		Reserve-Artillerie (v. 5., 15. u. 17. Art.-Reg.)		3	.	.	**)Darunter 3 Mitrailleur-Batterien
		Technische Truppen (v. 3. Gen.-Reg.)		5	.	.	
		Summe des II. Armee-Corps	**39**	**16**	**115***	
III. kaiserlich französisches Armee-Corps Marschall Bazaine Chef des Generalstabes: Brigade-General Manèque	1. Div.: Divisions-General Montaubon	1. Brigade: Brigade-General Br. Aymard	18. Jäger-Bataillon	1	.	.	
			51. Linien-Infanterie-Regiment	3	.	.	
			62. Linien-Infanterie-Regiment	3	.	.	
		2. Brigade: Brigade-General Clinchant	81. Linien-Infanterie-Regiment	3	.	.	
			95. Linien-Infanterie-Regiment	3	.	.	
		Divisions-Artillerie (v. 4. Art.-Reg.)		1	3*)	*) Darunter 1 Mitrailleur-Batterie
		Genie-Compagnie (v. 1. Gen.-Reg.)		.	.	
		Summe der 1. Division	**18**	**1**	**3**	
	2. Div.: Divisions-General de Castagny	1. Brigade: Brigade-General Nayral	15. Jäger-Bataillon	1	.	.	
			19. Linien-Infanterie-Regiment	3	.	.	
			41. Linien-Infanterie-Regiment	3	.	.	
		2. Brigade: Brigade-General Duplessis	69. Linien-Infanterie-Regiment	3	.	.	
			90. Linien-Infanterie-Regiment	3	.	.	
		Divisions-Artillerie (v. 4. Art.-Reg.)		1	3*)	*) Darunter 1 Mitrailleur-Batterie
		Genie-Compagnie (v. 1. Gen.-Reg.)		.	.	
		Summe der 2. Division	**13**	**1**	**3**	
	3. Div.: Divisions-General Metman	1. Brigade: Brigade-General de Potier	7. Jäger-Bataillon	1	.	.	
			17. Linien-Infanterie-Regiment	3	.	.	
			29. Linien-Infanterie-Regiment	3	.	.	
		2. Brigade: Brigade-General Arnaudeau	59. Linien-Infanterie-Regiment	3	.	.	
			71. Linien-Infanterie-Regiment	3	.	.	
		Divisions-Artillerie (v. 11. Art.-Reg.)		1	3*)	*) Darunter 1 Mitrailleur-Batterie
		Genie-Compagnie (v. 1. Gen.-Reg.)		.	.	
		Summe der 3. Division	**13**	**1**	**3**	

Armee-Corps	Divisionen	Brigaden	Truppenkörper	Bataillone	Compagnien	Escadronen	Batterien	Anmerkung
III. kaiserlich französisches Armee-Corps (Wie im Vorhergehenden)	4. Div.: Divisions-General Decaen	1. Brigade: Brigade-General de Brauer	11. Jäger-Bataillon	1	.	.	.	
			44. Linien-Infanterie-Regiment	3	.	.	.	
			60. Linien-Infanterie-Regiment	3	.	.	.	
		2. Brigade: Brigade-Gen. Gangié-Ferrier	80. Linien-Infanterie-Regiment	3	.	.	.	
			85. Linien-Infanterie-Regiment	3	.	.	.	
			Divisions-Artillerie (v. 11. Art.-Reg.)	.	.	.	3*)	*) Darunter 1 Mitrailleur-Batterie
			Genie-Compagnie (v. 1. Gen.-Reg.)	.	1	.	.	
			Summe der 4. Division	13	1	.	3	
	Cavallerie-Division: Divisions-General de Clérambault	1. Brigade: Brigade-General de Bruchard	2. Chasseurs-Regiment	.	.	4	.	
			3. Chasseurs-Regiment	.	.	4	.	
			10. Chasseurs-Regiment	.	.	4	.	
		2. Brigade: Brigade-General de Maubranches	2. Dragoner-Regiment	.	.	4	.	
			4. Dragoner-Regiment	.	.	4	.	
		3. Brigade: Brigade-General Br. de Juniac	5. Dragoner-Regiment	.	.	4	.	
			8. Dragoner-Regiment	.	.	4	.	
			Summe der Cavallerie-Division	.	.	28	.	
			Reserve-Artillerie (je 2 Batterien vom 4. und 11., 4 vom 17. Art.-Reg.)	.	.	.	8	
			Genie-Compagnie (v. 1. Genie-Reg.)	.	1	.	.	
			Summe des III. Armee-Corps	52	5	28	20*)	*) Darunter 4 Mitrailleur-Batterien
IV. kaiserlich französisches Armee-Corps Chef des General-Stabes: Brigade-General Osmont Divisions-General: de Ladmirault	1. Div.: Divisions-General Courtot de Cissey	1. Brigade: Brigade-General Ch. Brayer	20. Jäger-Bataillon	1	.	.	.	
			1. Linien-Infanterie-Regiment	3	.	.	.	
			6. Linien-Infanterie-Regiment	3	.	.	.	
		2. Brigade: Brigade-General de Golberg	57. Linien-Infanterie-Regiment	3	.	.	.	
			73. Linien-Infanterie-Regiment	3	.	.	.	
			Divisions-Artillerie (v. 15. Art.-Reg.)	.	.	.	3*)	*) Darunter 1 Mitrailleur-Batterie
			Genie-Compagnie (v. 2. Genie-Reg.)	.	1	.	.	
			Summe der 1. Division	13	1	.	3	

IV. kaiserlich französisches Armee-Corps
Wie im Vorhergehenden

Division	Brigade	Regiment						
2. Div.: Divisions-General Grenier	1. Brigade: Brigade-General Béron dit Bellecourt	5. Jäger-Bataillon	.	.	.	1	.	
		18. Linien-Infanterie-Regiment	.	.	.	.	3	
		43. Linien-Infanterie-Regiment	.	.	.	.	3	
	2. Brigade: Brigade-General Prable	64. Linien-Infanterie-Regiment	.	.	.	.	3	
		98. Linien-Infanterie-Regiment	.	.	.	.	3	
		Divisions-Artillerie (v. 1. Art.-Reg.)	.	.	.	.	.	3*)
		Genie-Compagnie (v. 2. Genie-Reg.)	.	.	.	1	.	
		Summe der 2. Division	.	.	.	1	12	3
3. Div.: Divisions-General Gf. Lutrille de Lorencez	1. Brigade: Brigade-General Gf. Pajol	2. Jäger-Bataillon	.	.	.	1	.	
		15. Linien-Infanterie-Regiment	.	.	.	.	3	
		35. Linien-Infanterie-Regiment	.	.	.	.	3	
	2. Brigade: Brigade-General Derger	54. Linien-Infanterie-Regiment	.	.	.	.	3	
		68. Linien-Infanterie-Regiment	.	.	.	.	3	
		Divisions-Artillerie (v. 1. Art.-Reg.)	.	.	.	.	.	3*)
		Genie-Compagnie (v. 2. Genie-Reg.)	.	.	.	1	.	
		Summe der 3. Division	.	.	.	1	12	3
Cavallerie-Division: Divisions-General Legrand	1. Brigade: Brigade-General de Montaigu	2. Husaren-Regiment	.	.	4	.	.	
		7. Husaren-Regiment	.	.	4	.	.	
	2. Brigade: Brigade-General de Gondrecourt	3. Dragoner-Regiment	.	.	4	.	.	
		11. Dragoner-Regiment	.	.	4	.	.	
		Summe der Cavallerie-Division	.	.	16	.	.	
		Reserve-Artillerie (je 2 Bat. v. 1., 8. und 17. Art.-Reg.)	.	.	.	.	.	6
		Genie-Compagnie (v. 2. Genie-Reg.)	.	.	.	1	.	
		Summe des IV. Armee-Corps	39	4	16	15*)		
Brigade mitzt des V. Armee-Corps Brigade-General Lapasset		14. Jäger-Bataillon	3/4	.	.	1	.	
		84. Linien-Infanterie-Regiment	3	.	.	.	.	
		97. Linien-Infanterie-Regiment	3	.	.	.	.	
		8. Lanciers-Regiment	.	.	4	.	.	
		7. Batterie des 2. Art.-Regiments	.	.	.	.	.	1
		Summe der Brigade mitzt	6¾	.	4	1	4	1

*) Darunter 1 Mitrailleur-Batterie
*) Darunter 1 Mitrailleur-Batterie
*) Darunter 3 Mitrailleur-Batterien

www.ingramcontent.com/pod-product-compliance
Lightning Source LLC
Chambersburg PA
CBHW020334090426
42735CB00009B/1530